Gustav Holthusen

Ole erinnerungen - plattdütsche Gedichten un Geschichten in Bremer Mundart

Gustav Holthusen

Ole erinnerungen - plattdütsche Gedichten un Geschichten in Bremer Mundart

ISBN/EAN: 9783743660434

Hergestellt in Europa, USA, Kanada, Australien, Japan

Cover: Foto ©ninafisch / pixelio.de

Weitere Bücher finden Sie auf **www.hansebooks.com**

Ole Erinnerungen.

Plattdütsche

Gedichten un Geschichten

in Bremer Mundart,

van

Gustav Holthusen.

Erste Deel.

New York:
Willmer & Rogers News Company,
1876.

Entered, according to Act of Congress, in the year 1876, by
GUSTAV HOLTHUSEN,
In the office of the Librarian of Congress, at Washington, D. C.

Druck von Gheround & Kienle, 13 Frankfort St., N. Y.

An meinen verehrten Freund, Dr. M . . ., bei Uebersendung dieses Buches.

Gelehrter Freund!

Wenn Ihnen dies bescheidene Bändchen zu Händen kömmt und Sie dasselbe einer flüchtigen Durchsicht würdigen, sehe ich Sie im Geiste mißbilligend den Kopf schütteln. — Die Wahl der plattdeutschen Mundart und der einfache, vielleicht sogar bäurische Styl werden Ihrem etwas verwöhnten Gaumen wohl nicht behagen. — Aber beruhigen Sie sich! Für solche Feinschmecker war diese etwas derbe Kost auch eigentlich nicht bestimmt.

Ich schrieb diese Erinnerungen nieder für meine engeren Landsleute; für die Plattdeutsch am liebsten sprechenden, einfachen Landleute Norddeutschlands und für Jene derselben, welche — wie ich — Amerika zu ihrer zweiten Heimat erwählt haben. Zu i h n e n, wollte ich in j e n e n Lauten sprechen die Ihnen, verehrter Freund, wohl ein wenig fremdartig, u n s aber, als unsere Muttersprache, so traut, so innig klingen und wählte den prunklosen, herzlichen Ton des Volkserzählers, weil ich wünschte, daß mein anspruchsloses Büchlein namentlich von den weniglesenden, untern Klassen mit Freude aufgenommen werden möchte, und es für d i e s e—da „Lesen lesen macht"—eine kleine Anregung sein sollte zum Mehrlesen besserer, verdienstvollerer Schriften.

Wie sehr das Lesen guter, ansprechender, leichtverständlicher Schriften nützt, und wie wenig, im Vergleich zu Amerika, das in Deutschland von den unteren Klassen, namentlich der Landbevölkerung noch erkannt wird, das, verehrter Freund, habe ich, der ich selbst von geringem Stande bin — schmerzlich genug oft empfunden.

Und so wollte, als wahrer Freund meines Volkes, auch ich mit meinen schwachen Kräften Etwas beitragen, um die Lust nach geistiger Anregung zu heben. Sollte mir dieses gelingen, so bin ich zufriedengestellt.

Wenn Sie, werther Freund, mein Büchlein in diesem Sinne betrachten wollen, so werden Sie es, wie ich hoffe, so nachsichtig beurtheilen, wie ich wünsche, daß dies Jeder meiner freundlichen Leser thun möge.

  Mit Hochachtung

      Gustav Holthusen.

New York, den 24. Juni 1876.

An mine Landslüe.

Dar hewwt ji je nu, mine littje narrsche Schriwveree! Erinnerungen sund et, kunterbunte, anspruklose ole Erinnerungen, de weller munter in mi worden sund. Schell't man nich toväl daröewer, dat ik so kunstlos, so „free van de Lewwer weg" vatell, — ik bin ken grode Gelehrde, bin ok ken grode Staatsmann nich — nichmal'n Schoolmester bin ik — bin nicks as'n slichten plattdütschen Buerjung un slicht un trölich, so as et Buernart is wull ik et mitdeelen.

Nehmt et denn frünlich up, dit littje Bok. Lest et mal dör, wenn ji mal jüss nicks Anners to dohn hewwt un freuen schall et mi, wenn ok vah joe Ogen et torüggbringt **Tiden an de ji gern denkt,** wenn ok in joe Harten et sweller wak röppt **vagnögte Erinnerungen.**

New York, Juni 1876.

Gustav Holthusen.

Min littjet Dorp.

O mine Heimat! O du littje Ort,
Wo ik geboren un ertagen word;
Wie leew bist du mi! Ja ik leew di mehr,
As enigen annern Ort up disse Eer.

Lang, lang is't her, dat ik di nich mehr sehn:
Doch faken, wenn ik ensam un alleen,
Denn denk mit Wehmot ik torügg an di;
Mine Leew to di — de föhl ik — endigt ni.

Enst gung ik van di weg mit stolzen Mot
Doch nu, wo nich so fürig mehr min Blood,
Nu streck ik sehnsuchsvull de Arms nah di,
Min littjet Dorp! — Wie schön wer't doch bi di!

Ja, heil'ge Stäe, wo mine Kinnertid
So fröhlich ik valewt heww! O, so wid
De Welt ik ok dörwannert, krüz un quer
Enen Ort wie di, — den fund ik narrens mehr!

De heil'ge Zauber, de di still umringt;
De söt un innig to de Harten bringt:
De söte Zauber, de de Stäe umwallt,
Wo wi geboren, wo toerst wi lallt.

Den fund ik nich mehr up den Eerdenrund:
Den fund ik man wo mine Weege stund:
Den bargst man du o Heimatsdorp, alleen;
Man du, min littjet Dorp, man du alleen!

Lew woll! Lew woll! Mi wer't de Ogen natt!
Beschütz di Godd! Un ik will bäen dat
De Abend van min Lewen mi dar gleuht
Wo enst mi hett so hell de Morgen bleuht!

De ole Schoolmester.

Dah sine Döhr unner den Linnenbom
 De swarde Sammetmuh up't witte Haar,
Set Unkel Jan, de in Dingskarken nu
Schoolmester wer, binah all darbig Jahr.

Vagnögt set he dar up de holten Bank
Un smökde munter sine Pip Tabak;
Do köm de Postbot van de Landstrat her
Un kreg va em en Schriwen ut den Sakk.

„Dank of!" sä Jan to'n Postbot un to sik:
„Kummt van Amerika; wat dat woll giwwt?
Heww niks Vawandtes dar so vâl ik wet;
Ken schullt woll wesen, de van dar mi schriwwt?"

„Na, kann't jo sehn," un darmit kek he'rin
Un kek un kek, as wenn't latinisch wer
— Sine swakke Sid — bit he up enmal rep:
„Dat harr'k ni dacht! Dat di dat Dunnerwähr!"

„De beiden Jungens, de so wild hir wern,
De Utbunds, de so mannigen Streich mi spelt,
De schriwt mi nu in dissen feinen Brew:
Ik mug't vagewen, dat se mi so quält!"

„Se segen't in, wie god it't mit jem meent!
Se dankden ok, dat ik sovâl jem lehrt.
Is't mögelk? Wat? Mi dankt doch wen? O Godd,
So'n Gluck word' mi min Lew noch nich bescheert!"

„Un disse Jungs, van de it't gar nich dacht!
De Dögenikse! Se, de mine Hand
So mannig't leewet Mal den Puffel warmt,
De möt't süss we'n!? Wo bliwwt nu min Vastand!"

„O Minschenhart, ken kann di woll ergrün'n,"
Sä Unkel Jan, un kek still va sik dal;
Sin wittet Haar, dat fladderde in den Wind
Un um em spelde de lessde Sunnenstrahl.

Lis' weihde de Wind den Brew em ut de Hand
Un Bläer van den hogen Linnenbom
Un lise sleek sin ganze Lewensloop
An em vabi, as wie in enen Drom.

De littjen Swölken sochden all jehr Neeß,
De Gö́s un Aanten snaternd jehren Stall
Un deep in'n Westen gung de Sunne dal,
As wie en rosenrode Füerball.

Un Jederen, de van de Arbeid köm,
Van Melken her de smucke Buersfro;
Van't Feld de Knecht mit sine möen Pär,
Rep frünnlich em en' „goden Abend" to.

Lang set he dar noch up de holten Bank
Un as he upstund, do wer he so bleek,
So bleek as wie de Silwerschimmer van
Den Maand, de dör de grönen Telgen kek.

De Ol' nöhm zitternd van dat witte Haar
De swarde Sammetmutz mit framen Sinn;
Sunk andächtig up sine Knee dal
Un rep hinup to'n Steernenhimmel hin:

„O Himmelsherr! Du, de de Harten lenkst,
Hew Dank, hew Dank, dat du mi dit hest dahn!
Du denkst doch ok an den geringsten Worm;
Ganz ahne Freuden — — lest du Kenen gahn!"

De plattdütsche Fahn.

Schrewen un spraken va den „Plattdütschen Froen= un Jungfroen=
Bund" in New York bi Oewerrikung van de Fahn an den
plattdütschen Volksfest Vaeen van New York un Umgegend.

Dat wi de ole Heimath ehrt,
De Sprak de us us' Mutter lehrt,
Ok hir in dissen fremmen Land
Noch leewt un wahrt mit Hart un Hand,

Dat is't wat disse Fahn bedüdd!
Drum schall se weihn in use Midd,
Stolz doh de ganze Welt se kund,
Dat wi van Harten plattdütsch sund!

Un wie man sik in'n Kriege schaart,
Woll um de Fahn, nah Männerart,
So lat't us ok um disse Fahn,
Nu bröderlich tohope stahn!

O lat't se wer'n dat schöne Band,
Dat us in dissen fremmen Land,
Tohope holt in Leb' un Freud,
Tohope holt in Enigkeit.

Mit dissen Wunsch! Jn dissen Sinn,
Nehmt use littje Gaw nu hin.
Mit Leewe gewt un mit Vatroen
Jo dit Geschenk plattdütsche Froen.

De Medalljen-Hahn.

Wo dat in anner Schoolen of so is, dat dar'n Paar Jungs sund, de dör jehre grödere Körperkraft oder Bawagenheit öewer de Annern 'ne gewisse Oewermacht utöwt, da gewiss wet ik't nich; dat awers kann ik drist behaupten, dat in use Dorpschool to N. N. dit de Fall wer. Dar weren Dirk Lanken un ik de „Hauptkerls." Tom gröbsten Deel harren wi dit nu woll use Kraft to vadanken; wi kunnen et nömlich Jeden „dohn;" awers of in Bawagenheit un Utöwung van dummen Streichen kunn et Numms mit us upnehmen, wi stunnen of darin hog öewer All' de Annern.

Wer't Winter un dat Is noch nich so recht fast — wi Beiden weren de Ersten, de hinöewergungen. Worde Ostern to't Paaschfüer Stroh tohopeslept, — wi weren de, de jümmer dat Meiste musden. Wer dar'n Vagelnees in'n hogen Bom, dat keen Minsch utkrigen kunn — wi brochden et ferdig. In wekken Garen de besten Appels un Plummen weren — dat wusde Numms bäter in'n ganzen Dorp, as wi. Keen En kunn de Jan van Moors slimmer brüern as wi. Keen En harr so faken in de Watertuchtens un Grabens seten as wi, un keen En (dat wer de Hauptsak) kunn so god Zigarren smöken as wi.

Dat sund grode Dinge in de Jahre un wi weren of bannig stolz darup.

Wie fein hörde sik dat awers of an, wenn de annern Kinner van us seggen däten: „Kikt mal dat sund mal „hellsche Kerls"! Kunn sowat us of nich stolz maken?

Hoge Ehren hewwt un awers of jehr Unangenehmet. Worde den Snider, de so bange vah de Rotten wer, mal 'ne dode Rott up de Döhrklink bunnen,— oder in 'ne ole Junfer, de us nicks to'n Wihnachten gewen harr, ehre Kamer 'ne Fleddermus set't, — oder den Stutenbakker mal 'ne Tut vull fule Eier vah de Döhr leggt, so mussden Dirk un ik, us all de Ehr wegen, jümmer an „uusigsten" darbi maken. Wi mussden, wenn de so Beehrten denn achter us kömen, an längsten stahn bliwen un wi kregen denn of natürlich jümmer de meisten Prügels av. Öewerlang wekke, ded'r hintogen."

Woväle Dracht Släg in un buten de School wi Beiden de Jahre enlich kregen hewwt, dat mag de leewe Himmel weten. It heww se nimals tohopetellen mugt. Ene Dracht awers un de Folgen darvan de is mi ni ut'n Gedächniss kamen. Wenn ick an de denk, denn jökt mi min Pukkel van Dag noch. Dat köm so.

Wenn wi jüss keue Düwelee in'n Kopp harren, denn so weren Dirk un ick de flidigsten Schölers mit, de't gew. Use Lex kunnen wi jümmer fix hersäggen un ahne to prahlen kann ik drift ingestahn, dat wi up de böberste Bank mit seten.

Enmals awers gung't us slecht. Enmal weren wi Beiden de Dümmsten in de ganze School un dat wer an den unsel'gen Dag wo use Schoolmester us in de „högere Geografi," wie he dat nömde, inforen wull.

Mit de „Geografi" wer dat un 'ne egendömliche Sak. Wi harren jümmer 'ne heilige Angst, wenn't darmit los ging denn va de ganze School, ungefähr hunertdardig Kinner, wer man ene enzige Landkart vahhannen un disse ole Landkart, de öewer den Schoolmester sin Pult hung, dat wer so'n ol't, quatschet Dings, as if't min Lew noch nich so weller sehn heww.

Ken ut de Landkart sik de Welt vaklaren kunn, de musste wahraftig mehr as Klütjen äten könen, wie man woll so seggt. Wi kunnen't nich, use School=mester ok nich, un dat wer denn ok jowoll de Ursak, dat wenn he darmit anfung, he jümmer sin böset Schuer freg un so vadretlich worde.

Ob de Landkartenmaker dat un va öewerleidig holen harr, oder ob he dat dahn harr, darmit de, de achtern seten, doch to'n wenigsten en littjet Spirken darvan sehn kunnen, genog, Nam's gew't up disse Kart nich. De Städde weren dör dikke farwige Punkte andüded, de ungefähr so grot weren as'n Bremer Sossgroten=stuck. Berlin, dat erinner ik mi noch, wer de blaue Plakken un de Gröne stellde Paris vah.

Dat Dirk un ik enige van disse Plakken mit vakehr=te Farwen öewerpinselt harren, dat makde Nunns. Wenn de ole Schoolmester ok mal mit'n Stock up Hamborg wisde, wills he us van Müünchen vatellde, dat makde niks ut. So genau köm dat dar nich drup an.

'Ne markwurdige Wis' harr he of, us hunnert un
darbig Kinnern dat to glike Tid vaständlich to maken.
He wisde un kloppde nömlich mit sinen Stock up enen
van de Plakkens, un fung denn an mit lude Stimm
us darvan to vatellen, akrat as so'n Orgeldreiher
up'n Veehmarkt van sin „Mordthaten=Bild."
Anstütt, dat de Orgeldreiher to seggen pleggde:
„Hier, meine Herren, sehen Sie die traurige Stätte
u. s. w.", sä use Schoolmester: „Dieser Punkt hier ist
die Stadt so und so, mit (wenn he dat nich genau
wussde) sehr vielen Einwohnern! O, dat gung wie
gesmert!

Na, den Morgen weren wi ok all glücklich bit nah
Sibirjen hinkamen (ik mutt hir noch bemarken, dat
wenn he enmal darbi wer use Schoolmester, he ok gliks
de ganze Welt mit us dörgung) un glücklich weren wi
ok ja woll weller öewer Japan un Bremen (dat wer
so sin Reiseweg jümmer) mit heele Hut nah use Dorp
torüg kamen, wenn in den Ogenblick dat Unglück mi
nich drewen harr, mal up de Strat to kiken. Dat
schull mi slecht bekamen! Do „fing mein Trauern
an" wie dat in'n olt Volkslied heet!

Wat wer dar un woll buten so Wichtiget, dat ik
Sibirjen Sibirjen wesen let un stiv un wiss' ut dat
Finster kek? Wer dar'n Bullen, de sik losreten harr?
Togen dar Kummejanten vabi oder Taters? Nicks
van All' dat. Dar wer nicks as 'ne kralle, littje
Deern buten, de van en anner Dorp, ick willt Fleeste
heeten, nah use Kunfermanten=Stunn to kamen
pleggde. Anners wer dar Nummts..

Jk mutt hir vahut schicken, dat noch, bit vah'ne Wek torügg, if mi sogob as garnich um so Deernstiig bekümmert harr. „Hä wat," sä it jümmer, „de könt jo nich mal up'n Bom klattern un nich mit us herum= stormen. De könt jo nich mal'n Ei utsupen," sä it, „mit de will if nicks to dohn hewwen."

So wenig harr if mi in Wahrheit um jem bekum= mert, dat de annern Jung's mi nich mal mit 'ne Brut tarren kunnen un binah jede Jung harr doch sine littje Brut dar all in de School.

Sit 'ne Wek harr sik awers dat All' ännert. Sit 'ne Wek fungen de Jung's an, mi mit disse littje Deern to brüern und to ropen

„Ah, sut, sut,
Dat is dine Brut."

un wovan köm dat? Dat köm darvan, dat if den groden Jan Selman, de Dag's vaher de littje Deern mit'n harden Sneekluten an'n Kopp smeten harr, ganz unbannig wekke up de Snut darva geven harr, dar köm dat van. He harr of seggt, de littje Deern däh kenen Toll mehr waffen, de Schaapskopp! Deihst du dat noch enmal weller, sä if to em, denn krigst du't mit mi to dohn!

Disse Ritterdeenst nu, makde mi in de Ogen van de annern Jungs to ehren Brögam.

Wahr wer dar ken Word van. Wat? Jf ehr Brögam? Jf gew ehr jonich mal'n Stück Appel av! Un nülich noch, as if mi va twe Pennings Bonbons koffde, da harr if ehr woll wist, wie fein if d'ran sugen

kunn, awers avgewen harr ik ehr kene darvan. Dat
wer denn doch jowoll Bewis genog!

Dat ik mi jedet mal freude, wenn ik se kamen sehg
(se köm de Wek man twe Mal nach use Dorp) dat
ging ehr jo niks an! Dat weren jo mine Bohnen!

Nüdlich wer dat littje Dings, dat mutt ik ehr laten!
'Ne Figur harr se, so zierlich as'n jungen Kanalljen
Vagel un wenn se so antrippelt köm up ehre littjen
Fööt, denn sehg se akrat ut as so'ne Elfenkönigin, van
de mi mine Mutter vatellt harr.

Dat Schönste an ehr weren ehre blauen Ogen.
De keken jümmer so vadüwelt fründlich un vagnögt in
de Welt hinin, dat et Enen ornlich god däh, wenn
man hininkek. Sogar de ole griesgramige Zuppern=
dent kunn ehr nich vagrellt to weren un dat wull doch
woll väl seggen.

Wat mi an Meisten an ehr gefallen däh, dat wer, dat
se, de doch'n swarriket Buernkind wer, „de Klei achter
de Hakken" harr, gegen Jeden En ahne Unnerscheed
so fründlich un godhartig wer. Ob arm oder rik,
dat wer ehr enendohn. Dat mug ik un hellsch gern
liern un darum vageew ik ehr ok de Handvull Haar, de
se mi mal ut'n Kopp reten harr, den Dag wo ik se ut
Spass mal up'n Zägenbuck harr rier'n laten wullt.

Na, disse littje Deern also, de ging den Morgen
dar vabi un nikde mi in Vahbigahn fründlich mit den
Kopp to, so as wenn se seggen wull „Go'n Dag."

Wat schull ik un dohn? Kunn ik mi do umdreihn
un dohn, as wenn ik se garnich sehn harr? Nä, min
Lew nich un ik glöw, wenn de ol' Zupperndent sulwst

dar wesen wer, if harr dat nich dohn kunnt! Toropen, wat if woll gern dahn harr, droffde if ehr nich, van wegen den Schoolmester un wat däh if toleſſ?— Um ehr doch up irgend 'ne Wiſ' mine Freud erkennen to gewen, valeggde if mi up't Tekenmaken, stek den Finger van de ene Hand in minen Mund, plirogde ehr to un wisde mit den Dumen van den anner Hand öewer mine Schuller hin. Dit Signal schull bedüden „if mutt dat Mul holen, if freu mi hellsch un de Schoolmester steiht achter mi."

Eben wull if un . . Au, Au bolkde if do mit Enmal lud up, tog minen Dumen gau torügg un: Herjeſ', Herrjeſ', as if mi umdreihde, kek if lik in den Schoolmester sin Gesicht! He harr sik liſ' heran sleken un mi mit'n Stock up minen Dumen haut. Rod wer he as'n Puterhahn, vah Ärger.

„Das sind mir schöne Geschichten," sä de Schoolmester, „ich quäle mich im Schweiße meines Angesichts ab um euch vanmkften Buben die högere Geografi beizubringen un ihr spielt da Komedig! Habt ihr meine letzte Frage nicht gehört?" rep he noch ärgerlicher werend. „Ich habe gefragt, wie man geht um von Frankfurt nach Kopenhagen zu gelangen?"

Ja du leewe Godd, dar harr he anners Wen un fragen musst! De olen Plakken kennde if All' buten Kopp; awers sone Fragen, de harr he noch nimals stellt. Dat schull de „högere" Geografi wesen.

If wer so vaduzt, Frankfurt un de littje Deern, Sibirjen, Kopenhagen un Fleeste dat ging mi All so kuddlmuddl in'n Kopp herum, dat if toleſſ in mine

Angst utrep: „rechts, an Jan Stamer sin Hus vahbi!" „So! So!" sä de Schoolmester, „un du? Frog he Dirk. Dirk, de de ganze Tid flidig darbi wesen wer, sik unner'n Disch 'nen Smiffendraht to flechten va sine Pitsch, wer ebensowenig up de Frag vahsehn un antworde in sine Bestortung, „ja....dat heet....ik meen man ...., dennso geiht man ... öewer't Bramster Moor un denn, au!"....Rips! Raps! Klips! Klaps tog de Schoolmester us Wekke öewer, dat et man so brummde un in twe Minuten harren wi so'ne feine Dracht Släg weg, as wie man jichens wunschen kunnen! Wi, de „Hauptkerls" un dat noch darto wo de littje Deern dar buten stund! Tat wer dat Ärgerlichste!

O, wat wer ik vagrellt up dat littje Gör! Anstütt mi to beduern, stund de littje Ütz, de doch enlich de ganze Schuld harr, duhn bi't Finster un lachde so lud as se man kunn. Töw man dachd ik grimmig, dat schall di nich vagäten weren!

„Damit ihr euch überzeugt, dass das der richtige Weg nicht ist," sä de Schoolmester, „könnt ihr Beide hier mal zwei Stunden nachsitzen und euch Gewissheit darüber verschaffen. Ihr Anderen," sä he to de Oewrigen „könnt jetzt zu Hause gehn."

Dat wer'n harden Slag va Dirk un mi! Um de Prügels dar gewen wi sovääl nich, de weren jo vahbi awers „Nahsitten?!" Dat wer de slimmste Straf, de he us anhangen kunn! Dat harren wi hellsch up'n Kiker!

Seggen dähen wi un woll so to de annern Kinner,

as se hinutgungen „ha, ha, dar fragt wi nifs nich nah“ un „dat wullen wi man jüss“ un „he mutt us doch woll gahn laten, wenn wi dat man wullen,“ awers in Wahrheit föhlden wi doch ganz uuutspreklich jäm=
merlich un as de Annern All 'rut weren, do leggden, wi de „Hauptkerls“ usen Kopp up'n Disch un fungen ganz elendiglich an to blarren.

So ganz lange durde dat indess nich! De School=
mester wer kum to de Döhr hinut, do harren wi us of all weller tröstet un hölden mit use Blarren up. Dirk kreg t'on Tidvadriw sinen Smiffendraht weller to Gang un if fung ut Langewile an, Flegen to gripen, de if öewer un öewer mit Black besmerde un denn um de Wett lopen let.

De „högere Geografi“ leten wi ganz geruhig an de Wand hangen.

Nah'n Bäten worde mi disse Speleree awers doch to langwilig. De olen Flegen weren van dat Wett=
lopen all so krüzlahm, dat se kum mehr jappen kunnen un if wull mi all jüss nach wat Anners umsehn, do frog Dirk: „Du, Gerad, wat meenst, schüllt wi usen Schoolmester mal'n „Streich“ spelen?“

„Dat wer wat,“ sä if. „Awers womit?“

„Wi farwt em sinen witten Medalljen=Hahn gras=
grön,“ sä Dirk. „Kif“ sä he „dar in de Eff hett de Maler gustern all' sine Farwenpötte stahn laten, de fönt wi god darto bruken.“ „Heil dir im Siegerkranz“ rep if, „dat schall mal'n Spass weren; kumm lat us glifs darbi gahn!“ Dat wer jo Water up mine Möhl!

Disse witte Hahn nu, dat wer den Schoolmester

sin ganze Stolz! Dat wer de gröbste un feinste Hahn in de ganze Umgegend un up em hin harr de Schoolmester of up de lesste Veehutstellung 'ne Medallje kregen mit de Inschriwwt „für Verbesserung der Viehzucht." Darvan stammde de Nam of „Medalljen=Hahn."

Harr dat Unglück mi bi'n Wikkel kregen, as ik ut dat Finster kek, so kreg et den Medalljen=Hahn bi'n Wikkel as he in dat Finster kek, denn as up Dirk sin „tüt" „tüt" ropen he vatroensvull anlopen köm un nah us herupkek, kreg em Dirk bi de Flunken to faten un tog em binnen.

Un nu gung de Farweree denn los!

Herrjes'! Herrjes', wat dähen wi den unsel'gen Hahn torichten! As so'nen willen Indianer, de up'n Krigs=Padd geiht, farwden wi em an! Den Kopp himmelblau, den Steert füerrod. Dat ene Been swart, dat Anner witt. Den Ruggen, de Bost un All' de annern Deele grasgrön! So'nen bunten Hahn hett dat in de ganze Welt woll noch nich gewen! Achtern Steert bunnen wi em twe littje Zipollen an, de nu hindalbummelnd akrat so utsehgen, as wenn't rode Eier weren, de em an de Feddern behangen blewen weren.

Dat de ole Hahn ungeruhig wer, bi de Farweree, kann if jüss nich seggen un dat wer of en ganzet Glück va em, anners harr't em bald slecht gahn.

Um sik nömlich to öewertügen, dat wi of flidig den Weg nach Kopenhagen studeerden, kek de Schoolmester mal 'rin. To'n Glück hörden wi em kamen un gau

as de Blitz harr Dirk den Hahn twischen sine Been, klemmt un hölb em mit de ene Hand den Hals to, darmit he nich schreen kunn. Mit de anner Hand stüttde he sinen Kopp un kek gan; bedröwt nah de Landkart hin. To'n goden Glück va den Hahn gung de School= mester (o wenn de dat harr ahnen kunnt!) gliks weller weg — sin Lewen wer ret't!
Avgesehn darvan, schinde em de Farwerce ganz god gefallen to hewwen, denn as wi em naher van dat Finster ut, weller in den Garen settden, fung he vah Freud ut vullen Halse an to kreihen un he lep, so gau em dat de Zipollen gestattden in blanken Carjär nah den Höhnerstall hin.
Wat de Hänen und de Höhnerküken jehre Meenung enlich wer, öewer den Hahn sine neemodsche Beklee= dung, dat kunnen wi nich mehr mit anhören, denn gliks darup worden wi erlöst un us högend up den annern Dag, gungen wi vagnögt nah Hus.
Den annern Morgen gung't of richtig los! Wie wi't us dacht harren, worden de Kinner, de duhn bi't Finster seten, bald up den bunten Hahn upmark= sam un de ganzen Schölers mit sammt den School= mester lepen nu an' dat Finster, um sik dat Wunner= thier antokiken.
"Dat mutt woll'n Adler wesen," meende de En. "Nä, dat is'n Paradies Vagel," sä en Anner! "Hä wat, de is gewiss van 'ne Thier Utstellung weglopen," wull en Drüdde dat noch bäter weten un so terbroken se sik de Köppe daröewer, wat dat woll va en Thier wesen kunn. An den Hahn dachde ken Minsch).

De Schoolmester, de en bäten kortsichtig wer, meende: „der Beschreibung nach, wird das wohl ein wilder Vogel sein, der sich aus einem südlichen Lande hierher verirrt hat. Will gleich 'mal in meinem Buch darüber nachsehen."

Eh'r he awers sin Book krigen kunn, passeerde dar wat, woran ken Minsch woll dacht harr, wat alle Un= gewissheit en Enne makde un alle Vamodungen to'r Sid smet; de wille Vogel nömlich flog sine Flunken ut'n anner un rep . . „Kikirikikikiii!" so lud he man kunn.

Do wer de Zauber löst! De ganze School köm in Uprohr! „Dat is jo usen Schoolmester sin Me= dalljen-Hahn," repen Wekke! „Heww ik mi et nich gliks dacht," meende en Anner nu. „Kik doch mal! Kik doch mal, wat de utfüht," sä de Drübde un Alle wullen sik schew daröewer lachen. An ludesten lachden Dirk un ik.

Ken et nu awers mit de Angst kreg, dat weren ok Dirk un ik un dat wer, as wi heemlich van de Sid den Schoolmester 'mal ankeken.

„Herrjes'!" Wat wer de Kerl so dull! He worde so witt as de Kalk an de Wand. „Silentium!" rep he un sine Steern tog sik so krus tohop, as'n olen Gummi Strumpenband.

„Wer war der Bube, der mir meinen weißen Hahn so grün gefärbt hat?" frog he mit Dunnerstimm. Numms antworde.

„Wehe dem Frevler, wenn ich ihn erwische! Den will ich züchtigen, daß ihm Hören und Sehen vergehn soll, daß er sein ganzes Leben daran denken soll," jä he.

Nummis mukkde sik. Man harr 'ne Nadel fallen hören kunnt, so still weren wi Alle.

„Ganz sicher," fung he weller an, „hat das wieder einer von euch Jung's gethan! Weiß niemand von euch, wer es gethan haben kann? Hat niemand von euch eine Ahnung davon?" frog he un kek darbi van Enen tou Annern.

Nummis rögde sik. Dirk un ik keken em so unschullig an, as wenn wi de reinen Engelswesen weren.

Wat wer awers dat! De Schoolmester köm mit enmal, so gau he man kunn, up us Beide to un kek stiv un wiss up use Jakken ... wat schull dat heeten? O schreckliche Ogenblik! De Schoolmester wiwe mit sine Fingers up use Jakken un dar — gewahrden wi 'ne ganze Masse Farw-Plakken, de bi de Farweree up use Tüg kamen weren!

O Guddegudd! Nu harren wi't awers!

„Aha! Hab ich euch endlich, ihr Halluken," sä de Schoolmester. „Ihr also seid es! Woher kommen diese grünen un rothen Farbflecken, wenn ich fragen darf," sä he, nich upbrusend, awers so isig, dat et us dör alle Knaken gung! „Wo—her — kom—men — die—se — Farb—Flek—ken will ich wissen? Wie?"

Herrjes'! Herrjes', daran harren wi awers of garnich dacht! Nu wer't fein! Dar hulp ken Leegen un ken Leugnen mehr, dar kunn us nicks as Gnade helpen!

„O Guddeguddegudd!" hulden un bölkden wi ut vullen Halse, „wi wüllt et of use Lewdag nich weller dohn! O beste Herr Schoolmester! Beste Herr Schoolmester, wi hewwt t'jo dahn, wi hewwt t'jo dahn, wi wüllt et ok nimals weller dohn! O allerbeste Herr School=meſter".... ja, dat hulp All' nicks mehr! Ebenſo god harren wi den Diſch um Gnade aufflehn kunnt.

„Ihr gränzenloſen Schlingels!" ſä he, „ihr Schweinehunde! ihr Kanalljen! Ihr allſo habt meinen ſchönen, weißen Hahn in's Unglück geſtürzt! Schämt ihr euch garnicht? Na, wartet nur, dafür ſoll Euch aber auch jetzt der Buckel gefärbt werden! 'raus mit Euch!"

Zitternd un bewend muſſden wi armen Sünners nah ſin Pult hin gahn un, wie ik all ſeggt heww, mi jöft de Puckel van Dag noch, wenn ik d'ran denk, wat wi domals vor Prügels kregen.

Söben nee Haſelſtöcker, dre Pipenröhren un twe Linjals ſlog he up us 'twei un darmit harr he vällicht noch nich mal uphört, wenn em de Arms nich to lahm worden weren.

„So," ſä he, nahdemm he ſik vapuſtet harr, „jetzt wird euer Rücken auch wohl ein wenig gefärbt ſein! Acht Dage lang," ſä he, „ſollt ihr Beiden nun noch zur Strafe auf der „Lusbank" ſitzen un vorläufig bringt ihr mal dieſe Briefe euren Eltern."

He ſchrew gau twe Brewe un ſchubbde us mit'n 'raus mit Euch" to de Döhr hinut.

„Dat hett All' de ol' Fleeſter Deern ſchuld" brumm=de Dirk, as wi buten weren, „wenn de nich kamen wer, dennſo wer dit All' nich paſſeert!"

Ik harr nu woll jüſs de ſulwige Meenung, awers togewen wull ik dat doch nich. „Du heſt de meiſte

Schuld" sä it. „Du harrst man den olen Hahn buten wesen laten schullt, denn wer dat lange nich so kamen!" Dat wull Dirk nu avslut weller nich gellen laten un väl harr nich d'ran fehlt, so harren wi Beide us of noch bi'n Kopp kregen.

O Guddegudbegud! dachde it, wat mag dar nu woll in den Brew stahn un wat will din Vatter, wat will din Vatter darto seggen!

Min Vatter stund jüss up de Veehdehl, as it nah Hus hin köm, un mit Zittern un Zagen gew ik em den Brew hin. Et wer min Glück, dat he den Dag god upgeleggt wer.

„Junge, Junge!" sä he, nahdemm he den Brew lesen un ik em All'ns vatellt harr, „du bist jo'n ganzen Bösewicht!"

„Enlich," sä he, „schull ik di nu of noch dat Fell vahauen, dat harrst du vadeent; na, dar ik mi awers so ungefähr woll denken kann, wie de Schoolmester di all vatimmert hett, so will it dat ditmal mal so hingahn laten! Gah hinin, dumme Jung" sä he, „un lat di van Mutter'n Bodderbrod gewen un morgen fröh, dennso nimmst du enen van use Hahnens mit, un twe Schinkens un seggst den Schoolmester, it harr seggt, wenn he van de fröhripen Plantkatuffeln bruk'de, dennso schull he man herschicken. Deihst't mi awers nich weller!"

"Vatter! Du gode Vatter!" rep it ut un deepbewegt slung it mine Arms um sinen Hals.

Ken wer woll froher as it?

„Bin jo of mal jung wesen," hörde it em lise vah sit hin mummeln, as he hinut ging, de gode Vatter!

De Schabernack.

Jan Kristawer Olken, de Offenbuer, un wi de Schooljungs, wi föhlden gegenfidig 'ne ganz unbannig starke Avneegung va enanner, oder mit annern Wörden: wi kunnen us avslut nich tohope vagahn.

Keu enlich de meiste Schuld van us harr, wi oder he, dat wet ik nich, will mi of nich to'n Richter darööewer upsmiten, sunnern man so lichthin bemarken, dat mine Meenung nah, wi us van beiden Siden nich väl Godet vahsmiten kunnen.

De Wahrheit wer, he däh All' wat he kunn, um us to argern un wi dähen All' wat wi man jichens kunnen, um em to argern. Schenkt worde gegenfidig nicks, dat wer'n stillswigendet Oewereenkamen.

Stottde he in'n Winter usen „Sneekerl" um, den wi mit väle Möh up sinen Hoff (he wahnde duhn bi de School) tohoperullt harren, so makden wi dat in Sommer an sinen mit väle Kunst utgestopten „Plünnenkerl" weller wett, den he in de Arffen stahn harr. De Lüe, de wunnerden sik jümmer, dat sin „Plünnenkerl" so faken mit Hut un Haaren upbrennde, un meenden: „dat köm woll van de Sunnenhitt her"— ja Fläuten-Pipen! Jan Kristawer de wussde dat bäter. Wenn de us Jungs lachend un guikkernd bi't Stakitt stahn sehg, denn wußde he woll, ken't dahn harr. He frog of garnich mehr.

Enmal däh he, Jan Kristawer nömlich, awers wat, womit he't ganz ut'n „Grund" mit us vadorw un dat wer, dat he an enen schönen Winterdag, wo wi in de School weren, use feine, blanke Glitschbahn to Schannen makde. Mit'n Biel slog he Löker darin! De Hund! Fritz Brok harr't sehn.

Dat wer to väl! „Dat fordert Blood!" sä den Timmermann sin Söhn! „Dat wüllt wi em avlehren," sä den Schoster sin Jung, un wi weren Alle enig daröewer, dat dat 'ne ganze Niderträchtigkeit wer un dat Jan Kristawer gehörig darva bestraft weren schull.

Up wekke Wis' awers? Unbedingt mußde em darva en Schabernack spelt weren, un dat en, den he so licht nich weller vagäten däh!

Na, nah langen hin un her snacken, klamuserden wi Jungs us denn of enen Plan torecht, de enen General Feld-Marschall Ehre makt harr un wi vaenbarden us, dat et den Abend darnu „los" gahn schull.

Richtig, den annern Abend kömen wi use twolv Jungs of bi Jan Kristawer sine Hanschün' tohop un Dirk Lanken, de sine Stimm an Besten vastellen kunn, nöhm freewillig dat Swarste up sik, nömlich Jan Kristawer heruttoropen.

Wils Dirk fast uppeddend achter dat Finster gung, blewen wi Annern bi de Hanschün stahn, wo Nummns us sehn kunn. (Usen Ollern harren wi vatellt, wi wullen den Schoolmester Torf avfaern helpen).

Nah'n littjet Bäten do hörden wi of denn wie Dirk
ankloppde un Jan Kristawer torep, he schull mal gau
upstahn. (Jan Kristawer pleggde jümmer fröh nah'n
Bedd to gahn un wi harren us wollwislich vahher
öewertügt, dat he dat of an den Abend dahn harr.)
„Ken is buten?" frog Jan Kristawer.
„Ik bin't," sä Dirk.
„Wat wullt du denn?"
„Hinnerk Meier lett fragen, ob du nich mal eben
her kamen wullst?"
„Wat schall ik denn?"
„Sine Koh will kalwen!"
„Wat geiht mi dat an?"
„Ja, he mugg gern, dat du mal herföinst!"
„Kann he denn anners Nimms darto krigen?"
„Ja, dat woll; awers he meende, du vastümmdst
mehr darvan as de beste Thierarzt!"
„Na, denn mutt ik doch jowoll man herkommen,"
sä Jan Kristawer un wi hörden, dat he ut'n Bedd
steeg.

Do wer't hoge Tid va us Jungs, uttoknipen un
eh'r Jan Kristawer sik of noch wat antagen harr, weren
wi of all de Strat hindal un dat us achter Hinnerk
Meier sinen Wall vasteken, van wo ut wi em beluern
wullen.

Dat harr em hellsch smeichelt, dat Dirk seggt harr,
he kunn dat bäter, as de beste Thierarzt. Dar däh he
sik bannig wat up to god, dat wussden wi.

Na, lange durde et nich, do seyhgen wi usen leewen

Jan Kristawer, 'ne Lucht in de Hand, denn dar of anwakkelt kamen un up Hinnerk Meier sin Hus togahn.

Dar he de Döhr natürlich vaslaten funnd, so gung he nah dat Kamerfinster hin un kloppde dar an.

„Ken kloppt dar buten?" frog Hinnerk Meier.

„Ik bin't, Jan Kristawer!"

„Wat wullt du denn noch so lat hir?"

„Dine Koh will jo kalwen!"

„Wat?"

„Dine Koh will jo kalwen! Mak doch apen!"

„Mine Koh?"

„Ja dine, nich mine!"

„Kalwen, seggst du?"

„Jawoll, kalwen! Wat schall All' dit heeten?"

„Bist du varückt?"

„Nä. Hest du mi denn nich roven laten?"

„Jan Kristawer, Jan Kristawer! Wullt du ole Lüe noch brüern?" sä Hinnerk Meier. „Mine Koh is jo erst vah dre Weken bi'n Bullen wesen. Du hest woll drömt!"

„Krüz swäre Noth un noch mal!" flökde Jan Kristawer, „denn hewwt mi de vamukkten Jungs woll weller to'n Narren hadd! De schall doch de...."

„Ha, ha, ha," fungen wi un lud an to lachen, „dar hewwt wi di mal fein anföhrt, du ole Ossenkopp, du ole Esel, du ole Brummbart! Dat hest du darvan, dat du use Glitschbahn twei slahn hest! Un'n anner Mal deihst du dat nich weller!"

„O ji Satans! Töw't man ik will't jo wisen!" brüllde Jan Kristawer, un darmit he achter us!

Wi utgeneit, wat dat Tüg holen wull! Strat up un Strat dal! Dör de Garens un twischen de Hüs' dör un dat nich ganz lise! De Nachtwächter, den wi torepen, de Kerl achter us harr'n blank't Mess in de Hand, kreg't mit de Angst un lep, sin Hoorn tutend, of mit. Dre Hunnen und twe Swine harren sik us all glits anslaten. Lüder Lund, de bi de Suldaten wesen wer, köm mit'n blanken Säbel 'rut un frog, ob de Franzosen kamen weren. „Denn lat't us heldenmödig wellerstahn," sä he, un stellde sik an use Spitz bi't Weglopen! Peter Mux un Klaus Mix de Füer=Geswarnen kömen in sehr Unnerboxen rut un wullen weten wo't Füer wer! „Nu geiht de Welt unner!" sung Lisbeth an to schreen un dre Katten sprungen vah Angst in de Aarkuhl!

Man schull't nich glöwen, wie dat Weglopen so ansticht. Je fudder wi lepen, desto gröber worde use Hupen un as wi bi den Snider sin Hus kamen weren, do kunn man, All'n's tohope nahmen, use Gesellschapp woll up so'ne littje foftig Kopp vahanslagen.

Jeder wull weten, wat'r enlich los wer, un dat harren wi Jungs nich seggt, nich va use Lewen.

Ob Jan Kristawer un möe worden wer, oder ob em de Spiktakel doch'n bäten to grobartig worde, ik wet et nich; dat awers sehgen wi, dat he mit enmal linksav bögde in de Strat hinin, de nah sin Hus togung.

Dat worde sin Unglück! Wer Jan Kristawer bit darhin achter us wesen, so kömen wi un achter em.

Mit Hurrah! un Hollah! dreihden sik Jungs un

Wiwer, Swin un Füer=Geswarne un un dat in vullen Gallop achter Jan Kristawer an, de't un jowoll sulwst mit de Angst kreg un in blanken Karjär de Strat hindalpitschde.
„Holt den Spitzbow! Mörder! Hangt em up!" repen nu Wekke un En meende sogar: Man schull doch gau nah't Amt schicken, dat kum slimm were.1!
Kristawer sine Fro stund vah de Döhr, as wi an= kömen. „O Jan Kristawer! Jan Kristawer" rep se, as se ehren Mann daherlopen seh , „wat is los, wat is los, wullst se di dod maken?"
„Ah wat", sä Kristawer, „mak gau"....de Döhr apen wull he jowoll seggen, awers—swupp —dar leg he up'n Steenweg, so lang un breet as he wer. He spaddelde mit de Been in de Luchd herum, as so'ne angeschatne Kreih, oder as wenn he den leewen Herr= godd to'n Tügen anropen wull öewer de Ungerechtig= keit!
Dat ene Swin wer em mang de Been dör lopen.
Wi Jungs hölden et un va dat Beste us sachte nah Hus to sliken. Wi hörden nömlich all Vascheedene, den Jan Kristawer jowoll vaklart harr, wie't All' kamen wer, ropen: „wo sünd de vamukkten Jungs?" un: ken hett et dahn? un worden all bang, dat de Geschicht' sik to usen Ungunsten dreihen kunn. Ken van us et enlich wesen sund, dat is ok nimals 'rut kamen.
Nahschriwwt. Jan Kristawer Olken hett nimals naher use Glitschbahn weller twei slahn.

Min Fründ Karolus Meiher.

Ik wet nich, wie et kummt, dat torüggdenkend an vagahene ole Tiden, dat Bild van minen leewen, olen Fründ Karolus oder Korl Meiher mi van Dage jümmer so vah Ogen steiht un garnich wiken will. Minen leewen, olen Fründ, mit den ik so manniget Glas Win drunken, so mannige vagnögte Stunn valewt heww!

Sin Nam worde enlich M=e=i=e=r schrewen. Um awers nich mit de välen A=Maiers, E=Meiers oder Y=Mahers weller vaweffelt to weren, (he harr all böse Erfahrungen darin makt; de Gerichtsdeener harr em nömlich mal 'ne Klageschriwwt und Vahladung in't Hus brocht, wegen en „Ehevafpreken mit," dat, wie de Klage sä, he braken hewwen schull; naher harr't sik denn 'rutstellt, dat he garnich de Meier wer, denn de Deern meent harr) harr he en h dartwischen stellt. Also Meiher.

Min Fründ Karolus, dat wer nu'n ganzen prächtigen Kerl! Sorecht noch en van de ole Sort. En to den man drist mal seggen kunn „hol din Mul" oder „gah to'n Düwel!" ahne dat he dat vah Debel nöhm. Den man drist mal up de Höhnerogen pedden kunn, ahne dat he „empfindlich" word — mit enen Word en ganze „Staatskerl!"

Sine „Swakkheit" wer, kunn schull man't glöwen — de Jagd!

Ja, ja! De Jagd, dat wer sine Lust, sin Vagnögen un keue grödere Freud kunn man den olen Burssen maken, as wenn man gedullig sinen Jagd-Geschichten tohörde un denn so bewunnernd utrep: „Sie sind ja ein ganzer Nimrod!" oder: — Ja wenn ik so scheeten kunn, as Se, dennso wer't wat Anners!" denn strahlde he ornlich vah Seligkeit un denn köm't em up'n Buddel Win mehr oder weniger of nich an.

„Jagdsnacken" kunn he as'n olen Förster un van de olen Jäger-Rimels, as

<table>
<tr><td>Oculi,</td><td>Lätare,</td></tr>
<tr><td>Da kommen sie;</td><td>Das sind die Wahre;</td></tr>
</table>

De Sneppen nömlich, u. s. f. wussde he 'nen ganzen Barg un vasümde of so keue Gelegenheit, se antobringen.

Besochde man em 'mal, so wer't dat Erste mit, dat he den Besöker sine „Jagdstube" wisde un de wer of würklich de Meuh werth, sik antokiken.

Dar hungen an de Wand, Biller van beröhmten Jagd-Hunnen, Darstellungen van grode Hoff-Jagden, Hasenfelle, Hirschhoorns, Jagdtaschken un Flinten genog, um de Hasen van de ganze Welt aftomukksen.

Van jedet Stuck wussde he 'ne littje Geschicht' to vatellen un ken em nich kennde, mussde to den Glowen kamen, dat Herr Karolus Meiher sulvst all' de Saken tohopesammelt harr.

Dat wer awers nich anderun. Befragde man sit bi sine littje Fro daröewer, so gestund se lächelnd in, dat ehr Mann dat All' 'mal up 'ne Vagantung kofft harr, as de ole Revier=Förster in Dingshagen stor= wen wer.

Em sulwst droffde man nich darmit kamen. He sä woll ni, dat he se sammelt harr de Saken, awers he sä of ungern, dat he dat nich dahn harr un wenn man em doch 'mal up'n Tahn föhlde un he et ingestahn mußde, so wer't mit de Gemötlichkeit, va den Dag wenigstens, vahbi. Dat kunn he nich vaknusen.

Man denke nu nich, dat dit 'ne starke Oewerdriwung is. Dörut nich! Et giwwt so sunnerbare Minschen up de Welt, de up gewisse Saken rein "vaseten" sund un is't nich de Jägeree, so is't irgend wat Anners. Jk hewww van enen General hört, de rein "dull" achter ole Wandschappen wesen hewwen schall, un 'ne Reih= mannsell hewww if sulwst kennt, de ganz varückt up ole Stahlfellern wer. Korl Schurz hett Recht, de Minsch will sin "Steckenperd" hewwen un wenn't of noch so'n absunnerlichet is.

Jeden mutt bi disse Schillerung doch woll seker de Gedanke kamen wesen, dat min Fründ Karolus Meiher en ganze "hasenblooddorstige Minsch" wer, en ganze "Utbund" van Jäger!

Darto kann if awers mit den besten Geweten "nä" seggen. Karolus wer de sinnigste Minsch van de Welt un de Hasen, dat seggt All'ns, harren et god in sinen Revier.

Manniget Pund Pulwer harr he swars woll in de

Haide all vapufft, dat wer wahr, un of sine Flint harr all manniget Mal nah'n Büssenmaker hinmufst, awers schaten un mit nah Hus hinbracht harr he, solange as he de Jagd pachtet harr, noch garnicks.

De Lüe säen, dat köm darvan, dat he nicks drapen kunn, (wenn he sinen Näsenkniper nich up harr, kunn he kene teihn Schritt wid kiken), awers he sä, un he mußde dat doch woll bäter weten, he däh dat man um den Wildstand to schonen.

Bald harr ik em Unrecht dahn! Jt sä, he harr nimals wat schaten?! Ja gewiss! 'mal harr he jo'n bunten Vagel schaten un ik kann mi jonoch ganz god erinnern, wat dat 'ne Freud wer, as he darmit anköm!

He wull avslut 'nen raren, utlandschen Vagel darvan maken, de in Asien oder bi't Kaspische Meer herum lewen schull, obglik de Buern, den he em wiside, em wat utlachden un säen, dat wer'n ganzen ehrlichen dütschen Vagel, de sik jümmer in de Gegend dar upholen däh, un den Namen „Tüt" harr.

Dar wull he awers niks van weten un wat wer dat 'ne Freud va em, as de Förster (en ganze Hallunk) as Sakvastännige de Entscheedung avgew: De Vagel gehörde to de Species „Codex Napoleonis" un wer in de Türkei un Süd-Austalien to Hus. (Karolus Meiher vastund ken Word latinschk.)

Do wer de Freud jo grot! De Förster, de mußde dat doch woll bäter weten, as de dummen Buern, kunn den Dag sik nich öewer frünnliche Upnahme beklagen un de "Codex Napoleonis" worde utstopt un köm unner'n feinen Glaskassen.

Min Fründ Karolus harr sine bestimmten Dage, wo he up de Jagd gung. Ob dat nu Tofall wer oder Berekuung van beiden Siden, dat heww ik ni utfinnen kunnt; veer Dinge awers weren jümmer seker den Dag, wo he „auf den Pirsch" gung. Dat weren, erstens: dat de Förster den Dag (he wahnde in Dings Möhlen) denn ok jümmer up de Jagd gung; twetens: dat de Beiden denn jümmer up halwen Wege tohope drepen; drüddens: dat de Has' denn jümmer up dat Dings=Möhler Weerthshus tolep, un veertens: dat min Fründ Karolus Meiher denn kenen Hasen, awers jümmer enen gräsigen Brand mit nah Hus brochde. Dat weren Saken, de so gewiss weren as twe mal twe veer sund!

Eenmal brochde he awers doch noch wat Anners mit.

Ik segg nicks, wat ik nich va gewiss wet, awers enige Lüe wullen weten, dat de Has', den de Beiden dar in de Haid upstökerden un de denn jümmer nah dat Dings=Möhler Weerthhus tolep, eenlich garken Has' wer, sunnern den Förster sin stuvsteerte Jagdhund den he 'en Hasenfell umbunnen, un egens darup to= lehrt harr! (Min Fründ wer bekanntlich kortsichtig.)

Ik wet dat nich va gewiss, wie ik all seggt heww un kann darum ok nich va de Wahrheit instahn. Dat wer wahrschinlich ok man so'ne Snackeree!

Dat mag nu wesen hewwen wie et well, harren de Beiden den Hasen oder, wat et wer, mit Hurrah un Holloh bit nah dat Weerthshus vafolgt, dennso dähen se, wat jede anner vanumftige Minsch in jehr Stäe ok woll dahn harr, se leten den Haasen in Godds Namen lopen, wohin he wull un gungen nah dat Weerthshus to.

Dar et nu minen Fründ, wenn he wo inkehrde un gode Gesellschapp fund, nich up 'ne halw Stig' Dahlers anköm (he kunn't jo leisten) un de Förster, wenn he free Win to drinken harr, ganz utgetekente Jagdgeschichten vatellen kunn, de min Fründ denn bi annere Gelegenheiten weller as sine Egenen utgew, so lett et sik woll denken, dat disse beide „Seelen," wenn se mal „seten," of so licht nich weller upstunnen.

Minen Fründ Korl köm denn un wenn woll mal 'ne littje moralische Anwanslung an; jä of woll bi jeden frischen Buddel: „Na, nu mutt ik woll nah Hus hin"; awers, wenn se mal in'n Gange weren, de Beiden, denn, so köm dar so gau nicks van.

De slaue Förster let em so gau nich weller ut de Klauen. Jedetmal wenn Korl wegwull, fel den noch jümmer so'n „wirklich intressantes Dings" in, dat Korl denn of noch'n bäten besitten blew un so ene Geschicht de anner Geschichte un en Buddel den annern Buddel halde.

Seggt Karolus mal: „Förster wenn ik doch mal'n Hasen harr. Mine Fro un de Lüe brüert mi sovääl, wenn ik doch mal enen mit nah Hus bringen kunn."

Seggt de Förster: „Herr Meiher, wenn't anners nicks is, dar is Rath va. Ik heww gustern 'nen jungen Hasen und söss Rebhöhner. schaten, de will ik in ehre Jagdtasch packen un denn könt se jo seggen, de harren Se schaten."

Seggt Karolus: „Förster, je sünd en ganze Utbund

van Godheit; awers,—un darmit leggde he den Finger vah den Mund, dat Mul geholen!"

"J, vasteiht sik," sä de Förster, „bei den Gebeinen meiner seligen Diana!" un so gung he hinut, um, wie he sä, dat Wild intopacken.

Nah'n bäten köm he denn ok weller 'rin. Die Jagdtasch bit haben vullgeproppt un fast tosnört.

Karolus sine Bawummerung, dat he de Rebhöhner nich nah Jägerbruk an de Butensid van de Taschk bunnen harr, beswichtigde he darmit, dat he sä: Dat wer so bäter. Die Abendluchd wer nich todräglich va dat Wild, dat nöhm den feinen Gesmack darvan weg.

Na, wenn de Förster dat sä, denn mussde dat jo okwoll so wesen un vagnögt un mit frohen Harten makde sik min Fründ Karolus up'n Weg.

En bäten swar köm em de ungewahnde Last woll vah, de Gedanke awers, wie stolz he ditmal vah sine Fro hintreden kunn, let em dat bald vageten un he makde sik all in sinen Sinn ut, wat he woll va Ogen darto maken wull.

. Gar togern harr he woll sehn, dat de Rebhöhner buten bummelt harren, darmit de Lüc dat doch ok harrn sehn kunnt; awers na, de Förster harr seggt, de Abendluchd wer nich god va dat Wild un de ol' Taschk wer ok so vanuksst fast tosnört — he gew den Gedanken toless up un begnögde sik, wenn en van sine Bekannte em begegende, stolz mit de Hand darup to kloppen.

Ja, he föhlde wurklich stolz! Nu wull he sine Fro woll wisen, wat 'ne Hark wer! un sogod he dat in sinen Dussel kunn, sunn he all hin un her, ken he woll All' to morgen Middag nöhdigen wull!

De Postmeister un de Koopmann schullen ganz seker darbi wesen. Öewer den Schoolmester wer he noch in Twiwel.

O wat wullen de va Ogen maken, wenn de denn morgen Middag den feinen Hasenbraern sehgen un he denn so stolz seggen kunn: „Dieser Meister Lampe wurde von meinem verderbenbringenden Gewehr erlegt!"

„Im Wald und auf der Ha=i=de" vah sik hinsingend, köm he bi sin Hus an un de Näs' in de Höcht gung he slankenweg up de Kök to, wo sine Fro jüss Pannkoken bakkde.

„Na Korl, hett et brav wat lohnt ditmal?" frog sine Fro lachend, as se em dar angestäwelt kamen sehg.

„Na, et geiht. So ganz väl jüss nich, enen Hasen un söss Rebhöhner man," sä Korl un langde ehr de Jagdtaschk hin. (Wat will de upkiken, dachd' he bi sik.)

„Dat wer awers 'ne sure Jagd," sung he nu an to vatellen. „Twemal harr ik den Hasen all in de Haide up't Koorn nahmen un jedetmal köm he mi weller weg. Toless dachd' ik, schallst mal nah'n Busch togahn, dar mutt he liggen un richtig, dar leg he ok! Ik gau mine Flint herdal! Zielt! un padanz! do harr ik em en't twischen de Rippen brennt, dat et man so brummde! Min Karo halde em mi denn her. To'n wenigsten veer Stunnen bin ik achter den vamukkten Hasen herlopen! Du kannst di garnich glö=

wen, Fro, wat de Klok sünd! Na, darva schall he us morgen awers ok um so bäter smecken."

„De Rebhöhner, meenst Du? O de heww ik noch eben schaten, as ik all buhn bi't Dorp wer. Se können mi, so to seggen, lik in'n Hals flagen un ick dachde, wi harren an den Hasen dach woll nich genog do...... wat is los? wat is los?" brok he mit enmal av, as sine Fro, de willsdess de Jagdtasch! upmakt harr, mit enmal: „O Guddegudegudd!" utrep un sik vah Lachen gar nich helpen kunn, „wat is los!?"

„Korl Meiher! Mann!" rep se un se mussde sik den Kopp holen vah Lachen, wullt Du mi wis' maken, dat Du dissen Hasen schaten hest?!"

„Ja gewiss," sä Korl. „Meenst Du, dat ik leegen doh?"

„Dissen Hasen, de hir in de Jagdtaschk is?"

„Ja gewiss!" log he drist.

„Karolus Meiher," sä sine littje Fro, „ick willt Di seggen, wat Du schaten hest. Enen gewaltigen ‚Buck' hest Du schaten! Kik mal hir! Wullt Du mi noch seggen, dat dit'n Has' is? Dat is jo 'ne dode Katt!"

„Wat!? Dode Katt!? Swäääre Noth!" sä Karolus und wull sinen Ogen nich troen, as sine Fro wahraftig 'ne ole griese Katt hervahtog ut de Taschk. „Dat wet ik jo ganz un gar nich," säh he, „wie dat an=gahn kann! Dat mutt 'ne Vawesselung wesen!"

„Awers mit de Rebhöhner hett dat doch woll sine Richtigkeit?" frog he.

„Korl, Korl!" sä sine Fro spött'sch, „wullt Du ok de schaten hewwen?"

„Jawoll!" sä Korl. Dit „Ja" köm awers all lange so hell nich mehr 'rut. He troode de ganze Geschicht all nich mehr so recht.

„Un duhn bi't Dorp wullt Du se schaten hewwen? Wolang is dat woll her?"

„Na, so'ne littje halwe Stunn."

„Un Du hest se denn gliks darup in dine Taschk steken?"

„Dat vasteiht sik doch woll van sulwst," sä Korl all'n bäten patziger weller. „Kannst den Förster fragen, ob't nich wahr is!"

„Na Korl," sä sine littje Fro do, „denn is entweder Dine Jagdtaschk behext, oder de goden olen Tiden sünd weller kamen! Denn kik her, wenn dat wahr is, wat Du seggst, denn möt de brar'nen Göös un Aanten all weller in de Luchd 'rumflegen. Dat disse Rebhöhner all utnahmen, spickt un in Smolt braern sund, wullt Du mi doch woll nich avstriern! Wat? Kik her! Sogar Peper un Solt is all d'ran!"

Min Fründ Karolus Meiher sä ken Word mehr, kek ok garnich mal hin.

In sine Bost mussden awers doch woll grusige Rache=Gedanken kamen wesen, denn sine Fro vatellde, he harr de ganze Nacht vah sik hin mummelt: „Dode Katten! Hm! Hm! Vadomte Förster! Dodscheeten! Druft minen Win nich weller! Dodscheeten! Vadomte Förster!"

Weller nah Hus.

Wie ik et mal vatellen hört heww.

Kapittel I.

Wan mine Reis' schall ik Di vatellen, Fründ Klaus? Na, denn sett Di dar man up'n Stohl dal un hör to. Süh, dat ik mi vah twe Jahren torügg so gau to disse Reis' entsluten däh, daran is, wenn ik de Wahrheit ingestahn schall, Nümms Anners enlich schuld, as de leewe Maisunn, de den Morgen so früülich schinde.

Dat köm so: Süh', de Maisunn, Klaus, dat is 'ne grode Hex, de hett 'ne gewaltige Macht öewer All'ns. Wenn de kummt un mit ehren warmen Strahlen use ole Eer beröhrt, denn word mit enen Slag All'ns anners up de Welt! Denn rögt un bögt sik All'ns, denn fangt de Vagels an to singen, un de Blomen an to blehen, un us Minschen word et denn, as kregen wi mit enen Mal nee't Blood in use Adern. Dar kribbel't un krabbel't in us un wi föhlt us to Unnernehmungen upmuntert, an de wi to annern Tiden woll swärlich dacht harren.

Un so gung et ok mi do. De ol' Sunn, de harr't up mi jo woll ornlich avsehn den Morgen; denn, as en Leed summend, seelenvagnögt ik do vah mine Döhr stund un mi öewer den prächtigen Dag freude, do schinde se so warm un so frünlich up mi in, dat toleff ehre Strahlen of in min Hart dringen un if ganze sunnerbare Gedanken in'n Kopp kreg.

Wie et enlich so toging, if wet et sulwst nich, soväl is awers gewiss, den Morgen vaspörde if mit enmal 'ne ganz unbannige Lust in' mi, nah Dütschland to reisen. If kunn't mi garnich weller ut'n Kopp slahn. If mug denken an wat if wull; mine Gedanken de felen doch jümmer weller up min oler Vaderland torügg.

Klaus! Ole Erinnerungen an vagahne Tiden fungen mit enmal an, sif mächtig in mi to rögen un all' de mi so wollbekannten Biller van mine leewe ole Heimath, de kömen mi den Dag do weller in den Sinn.

Lang', lang' harr if se vaslaten holen in de achterste Ekk van minen Harten; nu harren awers de warmen Strahlen van de Maisunn se so labännig makt, dat if se mit den besten Willen nich mehr bännigen kann; in jehren besten Sundags-Kleedern stellden se sik patzig vah mine Ogen up.

If sehg mi littjet Dorp weller un de riken, grönen Hammen, de smucken Deerns un den behäwigen Buern mit den Klustock up den Pukkel. De Leerken hörde if weller singen un de Äbäs klappern un all' de unvagätlichen Plätze, wo if mine selige, selige Jugendtid valewt — if mug de Ogen tokniipen soväl if wull — sehen däh if se doch. Dat wer mi lang nich mehr passeert! -

Wat awers den Utslag gew, Klaus, dat wer, dat

mine Gedanken jümmer un jümmer weller up ene ole Fro torügfelen, up 'ne ole Fro, de mi in jeden Brew schrew: „Gerad, min söte Söhn Gerad! Jk wer nah=grads old; O, wenn ik Di doch man noch en enziget Mal weller sehn kunn, eh'r de leewe Godd mi to sik röppt" — up mine ole Mutter! „O min Godd, sä ik lis' to mi sulwst, wie wull de sik freun, wenn se di noch mal weller to sehn kreg!" un dat Hart dat fung mi bi dissen Gedanken to slah'n un to puttern an, as wenn't herut=springen wull. „Ja, ja," rep ik, „du leewe, ole Mut=ter, wenn ik et helpen kann, denn schallst du dinen Söhn noch weller sehn!" Un kene siv Minuten durde et, do harr ik mi fast to de Reis' entslaten.

Nahher snackde ik natürlich erst mal mit minen besten Fründ daröewer, ik meen minen Geldbüdel; doch as ok de mende, dat't woll angahn kunn; dat, wenn man solange spart, man sik woll mal so'n littjet „Extra-Vagnögen" gunnen kunn, do sprung ik vah Freud hoch in de Luchd un juchde so lud, dat de Lüe bestahn blewen un meenden ik wer woll narrsch worden.

Baswigen lett sik sowat jo so licht nich un lange durde et denn ok nich, do wer't in de ganze Nahwerschapp bekannt.

Markwurdig wer't antosehn, segg ik Di, wi de goden Lüe, an inwrigsten de, de mi an meisten schullig weren, un anlopen kömen, um mit mi daröewer to snacken un to fragen ob et denn ok wurklich wahr wer.

Du must jowoll'n hell'sch wichtigen Kerl wesen, dachde ik erst, dat de Lüe sik soväl um di bekummert;

fund awers nahher doch ut, Klaus, dat Bäle 'ne anner Ursak herdrew.

Süh, enen Jeden will et hir nich glücken. Woll en Jeder, de hir heröewer kummt, denkt un hapt, in korte Tid sik hir en Vamögen to erwarben un denn weller nah de ole Heimath torüggtokehren; awers wo Wenigen! wo Wenigen gelingt dat man!? Wo mannig' En mutt sik nich hir sin ganz' Lewlang avquälen un plagen, ahne et bi den besten Willen to „Wat" bringen to könen; un middellos weller torügg to gahn, dat liggt mal so in de minschliche Natur, dat deiht man nich gern.

Ja, ja, dat Ganrikweren geiht of upstunns in Amerika vadüwelt langsam, un et is all 'ne lange, lange Tid her, sit de lesste brar'ne Dun Enen hir in'n Mund flagen is.

Wenn de erste Tid un vahöewer, un All'ns nich so geiht wie et woll gahn schull, denn gewt de Meisten dat denn of so bi Littjen up, gewennt sik an jehr Schicksal un sökt in den bewegten, uprinwenden, amerikanschen Lewen jehr olet Heimatsland to vagäten.

Awers Vagäten! Ken kann sin olet Vaderland woll ganz vagäten! Ken kann dat heilige Füer, dat in jede Minschenbost brennt, de Leew to de Heimat woll ganz ut sin Hart riten! Numms! Numms! Lise slummert et in den Harten fort un wenn of Asch up Asch sik darup hüpt, towilen kummt doch mal en Windstot, de de Asch to de Sid slüdert un dat ole Füer to helle Flammen weller upfakt! Towilen brickt doch bi Jeden de ole Wunn mal weller up un dat kummt namentlich vah, wenn de en oder anner Bekannte oder Fründ, de erfolgriker as he wer, as vamögende Mann weller nah de ole Heimat torügg gahn kann.

Dar deiht denn mannig Enen dat Hart weh un ene mächtige, geheeme Sympathie tütt em nah den Glücklichen hin. Dar mutt den mannig En unwillköhrlich an den Dag torüggdenken, wo he in dit Land köm; wie of he do dachde, so mal weller nah de Heimath torüggtokehren un wi All'ns, All'ns un so anners worden....

Glöw't mi, Klaus! Väle, de den Abend van mi gingen, wischden sik heemlich 'ne Thran ut jehren Ogen! Ja, ja! Amerika is dat Graww van mannige stolze Hapnung.

Dat Snurrigste, wat mi passeerde den Dag, Klaus, dat wer, dat Jan Hinnerk, min „Concurrent" van de anner Eck, de doch all sit Jahr un Dag ken Word mehr mit mi snackt harr, do to mi köm um mi sinen neen Wagen antobeern, in Fall dat min Wagen nich in Ornung wer.

Jan Hinnerk, musst du weten, harr'n Pik up mi, noch van de Tid her, wo wi de Eier so billig vakofsden. Süh, dat köm so. Jan Hinnerk, de harr mal — Godd mag weten, wo — billig Eier kofft un hung'n grodet Schild vah sine Döhr up, worup to lesen wer: 15 Eier va 25 Cents! Töw, den wüllt wi mal brüern, sä ik to Fritz, minen „Clark," un schrew up min Schild: 16 va 25 Cents! Jan Hinnerk, de hörde jawoll darvan un schrew: 17 va 25 Cents. Kann de 17 gewen sä ik, dennso givvst du 18 un gew 18. Na, et durde nich lang, do wer dat Jan Hinnerk weller wahr worden un schrew 19. Mal' gau 20 up, sä if to Fritz, un gew 20. Den Ogenblik köm tofällig 'ne ole Fro dar vahbi un de vatellde: Jan Hinnerk, de harr ut Wuth woll all teihn Glas Beer drunken un swarn, he wull nich nachgewen un wenn he de Eier sulwst leggen schull.

Dat mug if denn doch mal sehn, sä if un schrew mit grode Nummern: 40 Eier va 25 Cents un noch'n Stuck Seep darto.

Dat hulp! Ne halwe Stunn lang gew Jan Hinnerk 45; denn awers tog he sine Flagg, dat heet sin Schild in, un he mussde mi dat Slachtfeld öewerlaten. Wahrschinlich weren em de Eier utgahn, un mit dat Sulwstleggen wull't jowoll so recht nich.

Mit de Eier gung ok use Frünschapp to Enn. Föhrde Jan Hinnerk nahher bi min Hus vahbi, denn kek he stiv vah sik dal, un föhrde if bi sin Hus vahbi, dennso kek if stiv vah mi dal. So stunnen de Saken, as Jan Hinnerk to mi köm.

Ob em de Freud un herdrew, dat if weggung, oder ob he doch köm un vah mine Avreis' de ole Frünschapp weller uptofrischen (wi kamt ut en Dorp), if wet et nich; dachde domals ok nich sudder daröewer nah.

Du kannst Di un woll denken, dat of if mi do nich lumpen laten wull, un um Jan Hinnerk doch noch to gliker Tid en bäten to argern, indemm if em bewisde, dat if bätere Gedränke harr, as he, kreg if van minen ollsten Portwin her un schenkde em in, as wenn he de Koster up 'ne Buern-Hochtid wesen wer.

Jan Hinnerk, de schinde dat awers garnich to be-

marken; de drunk di dat „Argerniss" hindal as wenn't
Water wesen wer un wat köm toless darvan? Wi
kregen Beide enen gräsigen Brand und wunnerden us
sulwst, dat wi't nich all lang utsunnen harren, dat wi
so'n Paar prächtige Kerls weren.

Öewerhaupt! Van den Ogenblik an, wo ik den
Gedanken in'n Kopp kreg, Klaus, bit to den Ogenblik,
wo ik an Bord wer, gung't mit mi jümmer in enen
Sus un Brus. Ik mug kamen wohin ik wull bi
min Adjüs=seggen, drinken musst ik mit Jeden wat,
ahne dat leten se mi nich weg un dat summt sik up,
wenn man sovöle Bekannte hett, as ik.

Doch wie alle goden Dinge en Enn hewwt, so harrt
ok min Adjüs=seggen toless, un nu wer ik endlich so wid,
dat ik inpacken kunn, wat mi, dar ik Goddlov jo noch
Junggesell bin, nich lang nöhm.

De Bestellungen, van de ik'n ganzen Puckel vull
upsackt harr, an Mutter un Vatter un Gretas un
Metas, de schrew ik mi, obglits se woll licht to beholen
weren, (se lepen so tämlich All' up En't hinut) doch
vahsichtig up'n Zettel un den annern Morgen so bi
Klock Teihn, do wer ik mit All'ns fix un ferdig.

„So, nu kann't losgahn," sä ik to Jan Hinnerk, de
sin Pärd all vah'n Wagen harr. Wi settden minen
Kuffer up den Wagen, drunken to'n Avscheed noch'n
Buddel Win un do gung et in blanken Karjär (Jan
Hinnerk wull sik wisen) nah dat Dampschipp to.

Klock Twolf, so stund dat up'n Zettel, schull't los=
gahn.

Unnerwegs musste ik lud uplachen, as ik minen neen

Kuffer mal ankek. Jk mußde em unwillköhrlich mit
de ole, allmächtig grode Kiss vaglifen, de it harr, as
if van Dütschland 'röewerkem. Junge, wat wer di dat
va en Undeert! Grön wer se anstreken un baben up'n
Dekkel stunnd'n sein't Schipp malt. Dre Slotten
weren d'ran; siv Slötels harr ick darto, un mit
Isen wer se beslagen, as wenn de labännige Düwel
darin vasteken wesen wer.

Kapittel II.

Dar wo de Dampschepe anleggt, Klaus, dar gung
Di dat kunterbunt to. Heilige Füertang! Wat wer
dat dar en Gewöhl un Gewümmel! Dar weren Lüe
van alle Natschonen in de Welt, de sik, Godd wet wat,
noch All' to vatellen harren, eh'r se avreisden un darbi
Jeden in'n Weg stunnen. Dar weren Arbeiders, de
flidig darbi weren, noch'n ganzen Barg Kissen un
Kassen uptoheisten un de sik bannig högden, wenn
se de Lüe so recht gnussen un anstöten kunnen. Dar
weren Froens, de nach sehr Kinner repen, Frünne,
de van enanner Avscheed nöhmen, blinne Muskanten,
Appelsina-Wiwer, Spitzbuwen (Jan Hinnerk sin
Taschkendook gung bi de Gelegenheit to'n Düwel), et
gung'r her, as bi de Juden in Babel.

De Matrosen, de sungen un grölden dartwischen, as
wenn Buern Hochtid wer; so, dachde ik bi mi sulwst,
mögt de olen Dütschken woll brullt hewwen in de
Hermannsslacht.

Kutschen un Kahren gungen un kömen in enen fort un de Offzeers harren vullup to dohn um man so enigermaten en bäten Ornung to holen.

Jan Hinnerk un Fritz de hulpen mi minen Kuffer drägen un wi gewen us dat Word, tohope to bliwen bit dat Schipp avfahrde.

Klaus, avgesehn van de Paar Duzend Rippenstöte, de wi in dat Gewöhl avkreegen un de wi, dat kann ik Di heilig vasekern, ok ehrlich weller torügg gewen, gung us dat dar ganz fein un wi besloten, dar alle Utsicht nah wi noch ritlich Tid harren, nah de Kajüt to gahn um dar to goder Less noch „Enen" to nehmen.

Geseggt, gedahn! Wi böhrden minen Kuffer weller up un vasochden ob et nich mögelk wer, dör dat Gewöhl an Deck to kamen.

Jan Hinnerk de däh us darbi as Bahnbreker oder Schuw-Maschin gode Deenste. Mit sine klotzigen Knaken, he mußde natürlich vahup gahn, stottde he links un rechts, dat't man so krachde. Enen finen Spanjolen, den he „ut'n Weg" torep, un de jo woll man wenig Plattdütsch vastund, smet he binah in't Water darbi.

„Caracho!" flökde de Spanjol. „O, to danken brukt je nich," meende Jan Hinnerk.

An Deck dar kömen wi slecht weg. Klaus, de glei-nigen Matrosen, de drewen jo woll jehren Ulk mit us, denn up use Anfrag, wo de twete Kajüt wer, schickden se us van enen Enn to'n annern un wullen sik halw dod lachen, wenn wi denn jümmer weller angestäwelt kömen.

So harren je us nu all nah de Füerlüe un nah den Bartkratzer, nah de Gemüskamer un, Godd wet wo, schickt; do word ik vagrellt un ik fung up god Platt= dütsch up jem to schimpen an. Bahher harren wi Hoch= dütsch mit jem snackt, dar nah Jan Hinnerk sine Meenung, de Lüe denn mehr Respekt va Enen hewwen schullen.

"Swäre Noth," sä ik, "Ji Jan van Moors, schamen schullen Ji jo wat, enen ehrlichen Plattdütschen up so'ne Art herumtonarren. Wenn ik Koptain wer," sä ik— do fungen se All' an to lachen—"denn let ik jo Mann va Mann kilhalen, Ji Torfsunten, un gew jo naher anstütt Bramwin, Bittersalt to drinken, Ji Ützen," sä ik. "Darmit de böse Geist van jo geiht," sä ik! "Nacht= mutzen sund Ji," sä ik, "Schapsköppe! Kusakken! Sa= tans!"

Dat hulp, Klaus! Man mutt sine Lüe man to nehmen weten. Se worden gliks ganz frünlich, un En gung sogar sulwst mit un wisde us torecht.

"Gerad, ik glöw et wer bäter, du gingst erst mal alleen hindal un sehgst to, wie't dar nedden utsüht," meende Jan Hinnerk, as wi nu bi de Trepp ankamen weren, wo't nah de twete Kajüt hindalgung; "de Düwel mag anners weten, woken wir dar weller in'n Hals lopt."

"Ja, bäter is bäter, sä ik," un wi makden tohope ut, dat se nachkamen schullen, sobald ik fläuten däh. Ik also hindal.

Dat Erste, wat ik nedden to sehn kreg, wer'ne ganze Reeg' Fluukis, de sik bi de Trepp upstellt harren, as so Suldaten, de up jehren General luert! Flunkis, Klaus, dat sund ok Minschen. Dat sund wat up'n Land de Kellnärs sund. Up'n Schip wer't se Flunkis oder ok Stewarts nömt.

Disse Kerls, de keken mi so frech un patzig an, as wenn se mi erst taxeren wullen, woväl Drinkgeld ik woll to leisten in Stanne wer. Jehr' Meenung nah, mussde mit mi so woll nich väl loswesen, denn anstütt mi up mine Fragen Antword to geven, keken se vaächtlich to de Sid un snackden van dat lesste Schüttenfest. Jehren Spreken nah, weren se de Hauptkerls dar wesen.

Na, dachde ik ingrimmig, mit so Kreaturen wer ik ok so woll noch mal ferdig.

Jüss wull ik nu dat Signal geven va de Annern, herdaltokamen, do — Herr du min Jes'! — wat kreg ik'n Schreck! Do köm di mit enmal, hulter di pulter, koppsunner—koppsöewer de Trepp herdal 'ne Gestalt sust, de di akrat so utsehg as min Jan Hinnerk! Ehr up den Foot nah trüdelde munter un gesund min nagelnee Kuffer un bleew, so as wenn de Beiden dicke Fründe weren un garnich van enanner laten kunnen, midden up de Gestalt ehr Gesicht bestahn.

„En Unglück! En Unglück!" repen de Flunkis un alle Mann lep nah de Gestalt to, de sik möhsam van unner den Kuffer herut krabbelde.

Wahraftig! Et wer min unselige Jan Hinnerk!

„Minschenkind," sä ik, „wat makst du mi va Streiche!"

„Ja, schimp ok noch," sä Jan Hinnerk giftig; „heww ik di't nich gliks seggt, dat et dar nedden nich koscher wer! O du gleinige Kuffer," sä he denn to den Kuffer un slog mit de knullte Fust darup los, „min Lewdag fat ik di Satan nich weller an! Up dissen vanukkten Schip is jo woll All'ns rein behext!"

Nahher, as sin Blood sik denn en bäten avköhlt harr, stellde sik herut, dat Jan Hinnerk un Fritz minen Kuffer up den Süll van de steile Trepp settd, un darbi nich bedacht harren, dat unner den Kuffer Rullers weren. In den sulwigen Ogenblick un, wo Jan Hinnerk sik'n bäten harr utrauhn wullt, harr de vanukkte Kuffer jo woll Lust kregen, sik'n bäten Bewegung to vaschaffen un wer, ahne Jan Hinnerk darvan Bescheed to seggen, koppheister mit em de Trepp hindal klabustert.

Jan Hinnerk sä, he harr meent, dat Schip wull unnergahn.

Na, de Reis' fangt jo mooi an, dachde ik bi mi sulwst, let mi awers nicks marken darvan, sunnern makde den Vahslag, up den Schreken hin us'n Glas Beer to drinken.

Kapittel III.

De Dische weren meist All' van Lüen besettd, de mit jehre Frünne Avscheed drunken, un erst nah langen Söken funnen ok wi 'ne leddige Eck, wo wi us gemötlich dal laten kunnen, wat wi denn ok dähen.

„Kellnä — ä — ä — ärs!" rep ik un so lud as ik man kunn, un kek jem darbi so recht frech un patzig an, jüss as se dat vahher bi mi dahn harren; „Kellnä — ä —ärs! Bringen Se mich mal gleich drei Buddel Bier her! Aber schnell, hören Sie! Schnell! Wie lange dauert das schon wieder!"

Klaus, do harrst du mal de Ogen sehn schullt! Mukken droffden se sik nich, denn de Hauptflunki wer bi jem; awers ik hörde man, wie En to'n Annern sä, et wer doch 'ne reine Schann, dat so'n Bu'r enen gebildeten Kellnär so anranzen droffde.

Ja, Klaus, Bildung dat is nu 'ne Hauptsak mit in de Welt! un ik glöw, wenn dat noch lange so anholt, denn mutt ik ok woll noch sehn, dat ik'n littjet Stuck darvan avkrig va mine olen Dage.

Wat enlich Bildung is, dar heww ik to'e Tid noch nich so recht achter kamen kunnt. Use Schoolmeester hett us nicks darvan mitdeelt und Vascheedene, de Anspruk darup makden un de ik darum fragde, de weren sik ok nich so recht seker daröewer. De Ene meende so un de Anner so, un as ik se Alle anhört harr, do wer ik jüss so klok as ik vahher wer.

De Hauptsak schint mi darbi to wesen, dat man recht väle latinschke un französchke Wörder mit bi't Spreken brukt. Dat makt'n hellschen Indruck.

In minen Ogen is dat swars nicks, as 'ne unnödige Vannreinigung van use leewe düütschke Muttersprak; awers dat mutt jo doch woll nich so wesen. Ik bin man'n dummen Buerjung un vastah dat nich bäter.

De Flunkis, Klaus, de harren mi nu jowoll hellsch up'n Kiker kregen un wahrschinlich, um sik to rächen köm de En soglifs up mi to un frog nah Betahlung

va da Beer. „Ha," jä it, „wenn't anners nicks is, daran
is ken Mangel bi us" un smet 'ne Grabsch vull blanke
preiß'sche Dahlers up'n Disch, dat 't man so knallde.
Geld, west Du woll, mutt man hewwen, wenn man
gromm wesen will.

Dat dütschke Beer mutt doch jowoll starker wesen
as dat amerikansche, Klaus, so wenigstens köm mi dat
bi Jan Hinnerk vah, de bi'n sossten Buddel all so krüz=
fidel word, dat he to'n groden Arger van de Flunkis
to singen anfung.

Dat kunn man jem un eben nich vaargen, denn sine
Opern=Arien weren't jüss nich, wat Jan Hinnerk sung
un de Art Minschen hewwt jowoll finere Ohren, as
Du un it.

Ken sik dar awers bloodwenig ut makde, dat wer
min Jan Hinnerk. De sung frisch darup los, wat't
Tüg man holen wull un wenn it noch hintoföge, dat
he den Takt darto mit sine nüdlichen, littjen Föör
trampeln däh (he drog Stäweln Nummer 15½) so
kannst Du Di woll ungefähr denken, wi sik dat anhörde.

He sung up Plattdütsch. Denn un wenn makde he
woll'n swakken Basök up Hochdütsch, awers dat wull
so recht nich; dat köm 'rut, as wenn em 'ne Handvull.
dröge Arssen in'n Hals besitten blewen weren un jüm=
mer fel he up sine heimatliche Mundart torügg.

Sine Leeder, de he sung, weren:

  „Du leewe Krischan, bliw bi mi,
  Wat wullt Du in de Welt?
  Du west it hol soväl van Di,
  Vatähr bi mi Din Geld!"

Jan, kik mal ut, is de Luchd noch rein! Morgen wüllt wi Hawern meihn." u. s. f.

un dat bekannte Dings van „de littje Trina Meiers." Dat wer sin ganzet Register. Mehr kunn he nich. Fritz worde ok wild. De plagde sik dar mit 'n ol't Notenbok av, wat he dar up'n Disch funnen harr, dat em de Sweet man so van de Steern lep; obglifs he van de Noten soväl vastund, as 'n Zägenbukk van Bruse=Limonade. He meende of, he kunn so tämlich All'ns darin lesen, man jüss de Noten nich.

Ja, min Fründ, eh'r wi't us vasehgen, harren wi all' Dre us'n gehörigen, littjen Fäsen andudelt un Väl harr nich d'ran fehlt, dennso harren Fritz un Jan Hinnerk 'ne unfreewillige Reis' nah Düstchland mitmakt.

In use Gemötlichkeit harren wi nömlich ganz vagäten, dat wi up'n Schipp weren un dat Pingeln öewerhört, womit up den Schepen dat Teken to'r Avfahrt gewen word. Tofällig gung ik nu mal nah baben un dar, Klaus, gewahrde ik to minen groden Schreck, dat de Matrosen de Taue all los makden. Kannst Di woll denken, wie gau ik weller nedden wer.

„Hinnerk! Fritz!" rep ik; „kam't um Goddes Willen gau 'rup; dat Schipp geiht los!"

„Denn mak et weller fast," sä Jan Hinnerk, un he let sik nich stören.

Ik vasochde, wat mögelk wer, um jem den Standpunkt klar to maken, awers et hulp nicks. Jan Hinnerk set, as wenn he anplastert wesen wer.

Mit Fritz wer erst recht nicks antofangen. De harr

dat vanuffte ole Notenbof noch jümmer in de Hand un sung Di in Enen fort: "Mozart, forte, moll andante, allegro, pianissimo, octave" un darbi rullden em de Thranen vah Wehmot öewer de Bakken. Dar dat All' wer, wat he nt dat Notenbof lesen kunn, so sung he de sulwigen Wörder jümmer weller van vorn an, mit den Unnerscheed man, dat he jedetmal 'ne anner Wis' darto nöhm.

Do kreg if to'n Glück va us All' enen gescheuten Infall. „Jan Hinnerk!" Rep if, so lud if man kunn em in't Ohr; „Lisbeth steiht an'n Dokk un hett all twemal nah Di ropen!" Lisbeth wer sine Fro nömlich.

Do Klaus, gung't as'n Eerbewen dör Jan Hinnerk! „Wat?" sä he. „Mine Fro?" Up sprung he un dat in enen Hurrah de Trepp hinup gesprungen!

Twe Flunkis, de em upholen wullen, in de Meenung jowoll, dat he wat stahlen harr, gew he mit sinen langen Arms enen Schubbs, dat se, eh'r se noch „Dank" seggen kunnen, näslang up'n Bodden legen; to jehren gröbsten Vadruss, wie mi dat schinde.

If folgde, so gau if kunn un dat Lesste wat if van Jan Hinnerk sehg, weren sine Hacken, as he, noch jüss in Tid an Land sprung.

Fritz den musso' et of jowoll nedden nich länger mehr gefallen hewwen, denn of he sprung nah un if hörde noch), wie he an Land wider sung: "Octave, Mozart, Moll, Forte, Pianissiiiimo" nah de Melodie: „If heww all so lang minen Michel nich mehr sehn."

Dar stund ik nu ganz alleen! un legen däh ik, Fründ Klaus, wenn ik sä, dat mi nich'n bäten sunnerbar um't Hart worden wer domals. Lang durde dat awers nich. As use feine Schipp sik langsam in Bewegung settde, de Matrosen to juchen un to singen anfungen, de Flunkis sik to mine gröbste Bawunnerung in Musikanten vawanneln dähen un 'nen lustigen Walzer upspelden, do, Klaus, worde ok mi weller licht um't Hart, de allgemeene Fröhligkeit stek mi an un ik juchde un sung un swunk min Snuppdok to de, de an Land blewen, dat't man so'ne Art harr.

Keu den Ogenblik enmal mit dörmakt hett, den blinnwt he sin Lewlang unvagätlich.

„Dies ist ein erhebender Moment!" sä En, de bi mi stund; de Mann harr Recht.

Sossteihn Jahre (wie gau weren se doch hingahn) weren't jüss den Dag her, dat ik as arme Buernjung an de sulwige Stäe landet war, mit sossteihn Bremer Groten in mine Taschk. Nu gung ik weller nah de Heimath torügg, van de sulwige Stäe woll, awers mit sossteihn Dusend Dahlers in mine Taschk! Dat wer doh'n annern Snack!

„Adjüs! Adjüs! Godd segne Di, du feinet, freet Amerika," rep ik, as wi langsam de Bai hindal dampden; „Adjüs! Adjüs! So leew, as min olet Vaderland mi is," rep ik, „bist Du mi woll nich worden, awers solang dat Blod in mine Adern warm, solang min Hart noch in mine Bost sleiht, Amerika, schall mine Dankbarkeit to Di nich ennen; will ik't Di ni un nümmer vagäten, dat Du mi, den armen Buernjung, enst so frünlich upnöhmst, ahne mi lang nah Rang un Stand to fragen."

„O Amerika, in Namen van de välen Unglücklichen, Armen un Unnerdruckten, de Du Schutz un Nahrung gewst un noch giwwst, Dank Di! Dank Di! ut vullen, vullen Harten! To den leewen Godd will ik bäen, dat he Di segnen deiht, Di schützen deiht, Du herrlichet Land! Din will ik dankbar bit to mine Dodesstunn gedenken un freudig will ik't in alle Welt hinuttropen: Godd segne Di, Du schönet Land! Hurrah va Amerika!"

Kapittel IV.

Nahdemm wi ut'n Haben herut weren un New York us so nah un nah ut Sicht köm, gung ik nah nedden, um mi mal nach minen Kuffer un mine Koje umtokiken.

Nedden wer All'ns in groden Wirrwarr. De Flunkis mit den Hauptflunki an de Spitz, harren alle Hannen vull to dohn, um de Paschasers mit jehre Kuffers un Geschichten torecht to helpen und ik' mußß' öewer enen ganzen Barg von Kissen un Kassen erst klattern, eh'r ik nah mine Avdeelung hinkamen kunn. Markt harr ik mi den Platz god. Et wer Nummer fiv, links wenn man rechts hindalgung.

„Halloh! Wat to'n Düwel is denn dar los?" rep ik ut, as ik hininkek un dre fremme Minschen darin gewahrde, de in grode Upregung to wesen schinen un wovan de Eu jüss den Anfang machen wull, de Annern hinut to smiten. „Wat is denn dar los?"

Nahdemm sik dat Gesnater en bäten leggd harr, Klaus, fund ik to mine gröbste Bawunnerung ut, dat Nummns anners, as ik sulwst de unschullige Ursak' van den Schandal wer.

Süh, as Jan Hinnerk un ik minen Kuffer in mine Koje setlden, do schrewen wi wollwislich, darmit Nummns anners sik hininleggen schull, mit Kride daran: „Hier ruht Herr Gerad, Friedrich, Johann Ostermann." Nu harr awers en Anner, wahrschinlich so'n Flunki, mi to'n Schabernak an de annern dre Kojen datsulwige schrewen, so dat ken Minsch nu recht weten däh, wekke Min enlich wer. Darum de Strid. Um mi to brüern, harr de Satan ok noch hintofögt: „Sanft ruhe seine Asche!"

„Na Kinners," sä ik, „west man sinnig! Ik bin de wahre Jakob! Ik bin Gerad Ostermann un dit hir is min Kuffer un mine Koje! Um nu awers, sä ik sudder, Jo va Joen Arger en bäten to entschädigen, nöhdige ik Jo hirmit fründlich to'n god't Glas Konjak," un kreg minen Buddel darbi 'rut.

Dar weren se All gliks mit invastahn. De Gesichters de klarden sik up, as de Himmel nah'n Regenschuer un de grode Strid ennigde in ne allgemeene Bekanntschapp.

Süh, Klaus, so'n littje Sluck, to rechten Tid anbrocht, deiht faken grode Deenste un helpt mannig Mal mehr as dat gröbste Mulwark.

As et bald darup to't Äten gung, weren wi all de besten Frünne. Ik gew minen Reisekameraden ut Jux den goden Rahd, man jo soväl hinintoproppen,

as je man jichens kunnen; dat wer god va de See=
krankheit, jä if to jem, denn kunn de Maag' nich so
herumrullen.

Min Wegbliwen van Disch entschulligde if mit
Liwpüin, un wills deß de Annern un flidig bi't Äten
weren, wat mi, dar if jo wäten däh, wat darup
folgde, hell'schen Spaß makde, ging if mal hinut, um
mi dat gräsige Insterment antokiken, womit up den
Schepen dat Teken to't Äten gewen word.

Worum se darto so'n furchtbar't, de Ohren terri=
tendet Marterdings brukt, is mi unbegriplich blewen,
dar de Flunki, de darup loshamerde, as wenn de
jüngste Dag all anbraken wer, et mi of nich vaklaren
kunn. Nömt word et „Gong" un et is, glöw if, frö=
her mal van de olen Mongolen oder Japanesen brukt
worden as'n Mus'kanten=Insterment.

Enige littje Rippenstöt in mine Sid, belehrden mi,
dat if den Flunkis dar in'n Weg stund und dar if dat
bi kenen Minschen gern doh, wenn he bi sine Arbeid
is, so dudelde if mi sinnig, den Gang langs, nach dat
Twischendeff to.

Unnerwegs köm if bi de Köf vabi. Klaus, wie
Minschen et utholen könt, in so'nen Damp un Hitte,
dat is wurklich to bewunnern! So'n Schippskok de
hett'n harden Stand. Wenn de See still is, denn
geiht dat woll noch; awers wenn't mal duchtig stormt,
un dat Schipp van ene Sid to de anner fluggt, as so'n
Wulsdorper Bur, denn geiht dat in so'ne Köf kunter=
bunt to. Denn flegt Di dar Aanten un Göös in
herum, de woll all acht Dage dod wesen sund un

Hamels= un Kalwsfülen danzt Walzers un Schott=
shens tohop, dat't man so brummt. Wenn Di denn
mal in Babigahn so'n Kohlkopp oder Koffee Möhl
in't Gesicht fluggt, dar must Du Di sudder nicks bi
denken; dat passeert woll.

Wenn dat Schipp gar to stark wiwelt, denn wer't
Tane an de Abens fastbunnen, darmit de Kofs sif
b'ran fast holen könt, un de Potten fast staht. Man=
nig't Mal helpt awers of dat nich. Mannig't Mal
is't all vahkamen, dat de Kofs up de Näs un de Spek=
swaren in de Winßup flagen sund un mit de Katuffels
disse ungeruhigen Gäste, is et denn rein gar nich to'n
Utholen.

Dat is denn 'ne böse Tid va den armen Köfenjung
oder Koksmaat, wie he up'n Schipp heet; de mutt
All'ns utfreten. Hett de Kok mal wat anbrennen
laten, denn hett de Satan von Jung nich uppasst. Is
mal wat tweifullen, denn hett de Satan van Jung
dat nich fast hinstellt. Schellt de Koptain up den
Kof, dennso vasteiht et sif as ganz van sulvst, dat
de den Köfenjung weller darva dör waffelt. Kort
un god, he is de vavullkamte Sünnenbukk.

If frog mal Enen, wie he dat woll so utholen kunn
un womit he sif denn tröstde?

„Ha!" meende he, „wenn if mal Kof bin, denn mak
if dat of weller so."

En sunnerbare Trost, de mi väl to denken gewen
hett!

Kapittel V.

Bi't Twischendeck herum, dar wer ok noch Allns in grode Unornung. De En set dar, sine Bohnenzupp ätend, de Anner sinen Kuffer utpackend; Enige sochden sehr Slapstähe, un Madrazzen, Strohsäck, un Blickgeschirr legen dar in schönsten Kuddl=Muddl en dör't anner. Et wer en ungemötliche Anblick. Va de Twischendeckspaschaseers giwt et kene Flunkis; de möt sulwst tosehn, wie se torecht kamt.

As ik mi dat dar so betrachde, Klaus, do köm mi unwillköhrlich de Fahrt weller in'n Sinn, de ok ik mal as Twischendeckspaschaseer makt harr, ik meen, as ik nach Amerika gung.

Dat wer 'ne Fahrt, segg ik Di, de sik sehn laten kunn!

Wi weren dar use 700 Minschen up dat Ship tohop, ingeproppt as so Heringe. Mannslüe un Wiwer, Junge un Ole, Russen un Dütsche, Spansolen un Polacken, All' wild dör enanner, wie si süss Platz funnen harren. Wi slepen up so holten Stellagen, so as se nu noch up den Schepen in Gebruk sund; de Hälften baben, de Annern nedden.

Herr Jes'! Min Lewdag vagät ik den Spiktakel nich mehr, de dar wer, as mal so'ne ganze Stellage dalbrok un all de Böbersten mit sehr Potten un Pannen up de Unnersten felen. Dat gew 'ne Juchteree un Wöhleree, as wie ik't min Lew' noch nich so weller sehn heww. Spassige Geschichten kämen darbi vaß.

En Swed to'n Bispäl, de baben sleep, harr dat Glück oder Unglück, wie man't jüss nimmt, mit sine Reistasch van baben herdal midden twischen twe junge Deerns to fallen, de unner em slepen un sik eben hinleggt harren. De jungen Deerns, Klaus, de harren nu woll so'n bäten upjuchheiet, un et denn god wesen laten; to'n Unglück awers va den Swed harren se 'nen olen Draken van Grodmutter bi sik, de se nah Amerika hinbrochd'. As de nu den unseligen Swed dar bi de Deerns gewahrde, do dachde se jowoll, de wull sik bi de Jumfern inquateeren un harr slimme Absichten und eh'r he „Hallelujah" seggen kunn, harr se em bi de Haar to packen und nu kratzde und pulde und slog se up em los, dat et tom Erbarmen wer. Toless smet se em mitsammt sine Reistasch, koppsheister to de Koje hinut un rep em as ehren lessten Segen noch nah: „Kumm du mi man mal weller, du Lump!"

To disse frünliche Inladung, schinde de Swed indess nich'n bäten Lust to vaspören; He slog sin Hauptquarteer annerswo up.

En polische Jud, de'n langen, smerigen Schapfell-Rock anharr (man harr brunen Kohl darmit kaken kunnt, soväl Fett set d'ran) fel de Längde nah up so'nen finen littjen Franzosen un gew den darbi so'nen kräftigen Kuss, dat ik all bang wer, de ganzen Bakkenknacken weren 'tweibroken, so knackde dat. Dat makde den Franzosen nu, wat em unner de Umstänne ok eben nich to vaargen wer, hellsch vagrellt; he grep den Polakken in sinen Bart un pulde nu darup los

wat't Tüg holen wull. Mauschel bölkde Mord un
Todslag! Se leten nich eh'r los, bit se bi jehre
Wöhleree enen Plattdütschken sinen Brannwinsbud=
del umstott harren, de denn ohne lange to fragen,
ken't dahn harr, mit sinen Handstock solang up jem
heruntageldte, bit se Beide ut'n anner weren.
 Min Schlapkamerad van domals de harr of alle
Ursak sik öewer sin Schiksal to beklagen. Den fel
nömlich en Syrupskump in't Gesicht. As de arme
Düwel dar nu prußde un herumkrabbelde nah wat,
womit he sik awischen kunn, kreg he in sine Blind=
heit minen Mehlbüdel to packen un drögde sik darmit
av. Herrjes'! Herrjes'! Wat gew dat 'ne Kleieree
do! De Kerl sehg Di akrat ut as'n labännigen Brun=
swigger Honnigkoken=Mann.
 Ja, Klaus, dat gung dar kunterbunt to! Wi
Jungkerls wullen us halw schew darbi lachen. De
ganze leewe Nacht durde et, bis Alles weller in Reege
wer; de kunn dit nich wellersinnen un de dat nich.
Strümpe und so littje Saken, de sehg man noch acht
Dage naher dar herum flegen. Nu kann dat woll
All' nich mehr so vahkamen. Up den groden Damp=
schepen — dat wer up'n Sailschipp — is sit de Tid
Väl vabätert worden, wenn of noch lang nich genog.
 An de Kajüten dar word toväl Staat vawennt un
an de Twischendekks to wenig. Et is 'ne ganze
Schann, dat de groden Dampschipp=Gesellschappen de
Twischendekks nich up 'ne bäten frünlichere, va Minschen
passende Wis' herstellt! Va Jungkerls geiht dat
woll; de behelpt sik; awers Froens un Kinner in

so'ne Löfer to steken, dat is 'ne ganze Niederträchtigkeit! Jk schull man König oder Kaiser wesen! Jk wull jem neien!

Mit dissen Gedanken gung if an Deck, stek mi 'ne Zigar an und kek den flidigen Matrosen to, de dar arbeitden.

Stämmige Kerls weren dat, Klaus, un stolz bin ik, seggen to könen, dat se meist All' ut mine Gegend to Hus kömen.

Ja, dar wo de Wesser un Elw use riken, gesegneten Marschen bespölt, an de Kant van de Nord= un Ost=See, dar, Klaus, wasst disse karnige, kräftige Minschenslag, de all sit undenklichen Tiden use dütsche Krigs= un Hannels=Flott bemannt. Is de Tid of all lang vagahn, wo jehr Vahfahren unner Hengist un Horsa Jngelland unnerjochden, un later in den Dagen van de Hansa den nordlandschen Königriken jehre Gesetze vahschrewen, de ole ungeruhige, unavhängige Geist, de jehr Vahfahren beseelde is jem bleiwen, un blodwenig Familjen schallst Du hüt noch an den Waterkanten finnen, wovan nich de En oder Anner to See is.

Van Kindheit up, word use tokünftige Seemann all an Schipp un Water gewennt. Mit den teihnten un twolften Jahr kant he all Tabak, as'n olen Stürmann un is he eben upwussen, denn holt em ken Deern un ken Düwel mehr an Land; denn folgt he den söten Syrenengesang, den de Seewind em Abends an'n Dik un in'n Reit vahsungen hett van fremme Lande, van kühne Meerfahrden; denn springt use

Nordlandsföhn up't grode Schipp un hinut, hinut
segelt he in de wide, unbekannte Welt, wie sine Bah=
fahren dat enst of dahn hewwt.
 Un nich brukt use Vaderland sik siner to schämen.
De dütsche Seemann steiht god anschrewen, wohin he
ok kamen deiht.
 Muss nu nich glöwen, dat, dar se so lichtfarbig in
de Welt hinutflegt, se nicks um jehr Heimatsland
gewt. O, nä Klaus! Sowid se of in de Welt her=
umkamt, so prachtvull of de Länders sund, de se to
sehn krigt, jehr Hart bliwwt an den littjen Plakken
Eer behangen, wo jehr Weeg' stahn hett; wo de wille
Nordwind jem as Kind in'n Slap sung. Mit Sehn=
sucht luert se up den Dag wo't nah Hus to geiht un
mannigen schönen, blanken Dahler bringt se mit,
wenn se denn nah langen Reisen weller kamt.
 Un wenn se old wer't, Klaus, wenn de olen Knaken
so recht nich mehr wüllt, denn seht de Meisten, Kap=
tain un Matros to, dat se jehr olen Dage in de Hei=
mat valewen könt; denn seht de Meisten to, wenn
se't man jichens mögelkmaken könt, dat se so'n littjet,
smucket Hus krigt, wat nich ganz wid van't Water
abliggt un dar vabliwt se denn, bit later se in den
groden Haben ingaht, wo et keen Storm un Wellen=
slag mehr giwwt.
 Klaus, ik arger mi jedetmal, wenn äwer de Seelüe
so wegsmitend un vaächtlich spraken word, wi dat de
meiste Tid so dahn word. Wenn se as klotzig, gromw,
liderlich vaschree'n un as Minschen hinstellt wer't, mit
de keen anstännige Minsch umgahn kann. De goden

Lüe, de dat doht, de vastaht dat nich bäter; de wet nich, wie hard un möhselig en Seemannslewen is. De wet nich, dat de ewige Kampf mit de rugen Elemente ok toless den Minschen rug un hard makt un de wet ok nich, Klaus, dat achter disse ruge Butensid meistens en Hart von Gold sitt, en Hart so trö un rein, wie man't bi de gesnigelten, geputzten Minschen nich so faken vahfinnt.

„Lehrt se doch erst mal kennen, Ji kloken Herr'n, Ji, de in Böfern un Schriften den Matrosen jümmer as so'ne Art „Halw=Minsch" hinstellt, den sin enziget Vagnögen darin besteiht, „sik to besupen; lehrt se erst mal ornlich kennen, segg ik, un Ji schüllt jo wunnern, wat dat va prächtige Minschen sund bi all' jehr Rugheit, de ok so wid nich her is."

Dar word den Seelüen jümmer vahsmeten, dat se, wenn se mal an Land kamt, so wild sund, jehr Geld gliks vajubelt und faken nich ehder ut'n Thran kamt, bit de lessde Groten heidi is. Klaus, dat is man All so as et is. Dat mannig En bi so'n ungebunn'n, regellosen Lewen vawillern deiht, dat will ik nich avleugnen, awers dat behaupt' ik, dat nich se sulwst de meiste Schuld daran drägt, sunnern disse vaächtlichsten van allen Minschen, de unner den Namen „Landhaifische" bekannt sund, disse Aasgeier in de minschliche Gesellschapp, de wie de Raubthiere up jedet ankamende Schipp luert, mit allen mögelken Vaföhrungskünsten den arglosen Seemann dat Geld ut de Taschk lockt un em nich ehder ut de Klauen lat't, bit sin ganze survadeente Lohn weg is. De hewwt de meiste Schuld

daran, segg ik, un dissen Vagels, de in jede Seestadt
nesten doht, schull mine Meenung nah doch'n bäten
starker de Snabel stummpt weren, mit'n Polizeisäbel
awers.

Mag dat nu wesen wie et will, ken will et dem
Seemann so stark vadenken, wenn he, nahdemm he
saken monatelang all' de goden Saken entbehrt hätt,
de wi Landlüe jeden Dag hewwt, mal'n bäten „öewer
de Stränge" sleiht, mal „den Düwel danzen lett?"
Wi Landlüe vällicht? Sünd wi denn so grode Du=
gendhelden! Passeert us dat nimals?

Un All' un jümmer doht se dat jo of nich. Jk
heww 'all mannig Enen kennen lehrt, de sik 'ne feine
littje Summe uplegt harr va sine olen Dage un wenn
Du de Waterkant langs geihst, Klaus, un kummst to
de littjen, snucken Schipper-Hüs', denn schall Di man=
nige ole Mutter freudig vatellen, dat se all' de littjen
Bequemlichkeiten un ehre sorgenlosen Dage ehren
„Jung" vadankt, de „up See" is.

Jk segg: Respekt va use dütschen Seelüe! Respekt
va de Seelüe van alle Natschonen, de in de grode
Weltmaschinerce so'nen gefahrvullen, slecht lohnenden,
möhseligen un undankbaren Posten vaseht! Respekt
va jem, segg ik! un min Nam is Gerad Ostermann!

Kapittel VI.

Wi weren indess all tämlich wid in See kamen; Land wer nich mehr to sehn un de Wellen settden all sehr witten Mutzen up. Do et nu of schummrig to weren anfung, dach'd ik: „Schallst man to Bedd gahn" oder wie man up'n Schipp seggt, „to Koje." Ik gung also nah nebden un köm jüss to rechte Tid an, dar mine Kameraden sik of eben hinleggen wullen.

„Kinners" sä ik to jem, „enen goden Rahd nehmt noch van mi an, eh'r Ji to Koje gaht; stellt Joe Foottüg all' fein van Joe Kojen hin, darmit," sä ik, „dat in de Nacht, wenn Ji mal upstahn wüllt, kene lange Sökeree avginnwt."

Wat ik dar eegentlich bi harr, Klaus, schall Di naher woll klar weren.

Wi weren dar use Veer in de Avdeelung tohop. Up de ene Sid unnen leg ik, baben mi en Jud. Up de anner Sid unnen en Sakks un baben den en Baier.

Min Maat van Israel nömde sik Moses Lilienstengel. Disse Nam, de passde to em ungefähr, as so'n Bessenstäl to'n Uhrwark, denn he wer so krumm wussen, as'n olen Windmuenstock. All' gung erst ganz mooy. Up Reisen word man licht bekannt tohop un et du'rde of kene Stunn, do harren wi us all gegensidig usen Lewenslop vatellt. So bi littjen let dat Gespräk awers doch nah un toless do harr ik dat grode Word ganz alleen.

De See schinde bi disse Tid hellsch rug to wer'n. Use gode Schipp rullde van ene Sid to de anner, as wenn't de Kolik harr.

As ik nu ennlich gar kene Antword mehr kreg, rep ik mal hinup: „Halloh dar baben!" „Sund Ji All' dod oder slapt Ji?"

Erst rögde sik Numms van jem; toleß awers, as ik mine Frag nochmals un luder wellerhalde, fung Moses mit 'ne goddsjämmerliche Stimm an, mi sinen Kummer to klagen: „Waih! Waih! Herr Ostermann," sä he, „ich fühle so schlecht; ich glaube, ich habe die Leibentzündung!"

„Wat," sä ik, „Leibentzündung? Narrenspuzzen! Leibentzündungen hir, Leibentzündungen dar! De Seekrankheit hewwt Ji! Dat geiht bald weller vahbi," tröstde ik jem.

„Awers beste Herr Ostermann," sä de Baier do in sine Mundart, „Se kamt doch duhn bi de See to Hus un hewwt all faken Seereisen makt; wet't Se denn gar ken Middel va disse „sakrische" Krankheit. Mi word ok all slecht!"

„Ja," sä ik, „ik wet woll'n Middel darva, awers, awers," sä ik, „et is swar intonehmen!"

„O, dat makt nicks," meenden se do All', „wenn't man helpen deiht."

„Na, denn passt up," sä ik un ik gew jem ut Jux dat folgende Rezept, wat in jede Apotek nicht to kriegen is.

> Nehmt alle fiv Minuten en vittel Pfund geilet Spekk.
> Binn't enen Band daran un flukt et heel hindal. Dennso
> treckt et bi den Band weller rup un . . . .

brrrrr, do köm ut Moses sinen Mund 'ne Soß, de wahraftig nich van Odekolonje wer. Ik tog, so gau ik kunn, minen Kopp torügg un bar dat Schipp denn Ogenblik jüss up de anner Sid rullde, so flog de ganze Proste Mahltid in den Baiern sine Schoh.

De Baier, de wull argerlich upbrusen, awers All', wat he seggen kunn, wer mit 'ne unhcemliche Stimm: „Ullunellullerich!" Denn worde of den öwel.

Dat wer mi bald weller slecht bekamen, denn den Baiern sine Soß, de köm lik up miene Koje to. Ik awers ok nich ful, nöhm mi enen van Moses sine Städeln in de Hand un let Di den ganzen Smudd dar hininlopen.

Süh Klaus, darum harr ik jem den Rabh gewen, van wegen dat Foottüg.

Ob de Baier nu Moses um wat fragen wull, ik wet et nich, dat awers sehg ik woll, dat he den Mund spitzde, so as wenn he wat seggen wull; dat em de Krankheit darbi öwerköm un dat he up en Mal, Herr Jes' wat bullerde dat! enen ganzen Bukvull Soß lik in Moses sin Gesicht sprutzde.

Disse „innerste Erguss" wer nu doch jowoll 'n bäten to stark va Moses. Bi all' sine Liwentzündung schimpde he, as'n hung'rigen Schoolmester un as em mal weller slecht worde, sprutzde he ut Rache sine Soß weller in den Baiern sin Gesicht.

Klaus, halw krank heww ik mi darbi lacht!

An aller slechsten gung't den Sakks bi de Gelegenheit, de sik bit darhin noch tapper gegen de Krankheit wehr't harr. Den drew nömlich sin Unglück, den Kopp mal ut de Koje to steken in den sulwigen Ogenblik, wo Moses sinen „Anfall" weller kreg. Eh'r he't sik vasehg, harr em denn Moses ok up't Koorn nahmen un em 'ne littje Mahltid in't Gesicht sprutzt, bi de den Sakks, wie he mi naher vatellde, alle Avtid vagung. Un as wenn't darmit noch nich genog wesen wer, däh de Baier den Ogenblik ok jüss sine Slüs' weller upmaken un ok de ganze Geschicht' lep den unseligen Sakksen up'n Kopp. He sehg ut as'n Pudel, de in 'ne Aarkuhl seten hett.

Bit darhin harr de Sakks sik noch holen, nu awers kunn he sik ok nich mehr helpen un he däh sin Deel ehrlich nachhalen.

Et sehg ut, as wenn de Dre 'nen labännigen Springbrunnen vastellen wullen. Wenn se mal uphörden, denn so brukte ik man jüss min Rezept weller hertoseggen; denn fung de ole Gesang weller van Neen an.

De leewe Godd mag mi de Sünn' vagewen, dat ik jem dar so utzde un minen unbannigen Spaß daröewer harr; ik kunn't nich helpen. Ja den, de de Seekrankheit nich kriggt, süht et awers ok gar to lächerlich ut, wenn he all de anners gesunnen Minschen sik mit enmal so öewergewen süht un se so goddsjämmerliche Gesichters darbi makt. Slimm kann't jo nich weren un naher lachd se jo sulwst daröewer.

Nah un nah worde mi de Geschicht' doch ok'n bäten to bunt. De Stäweln weren all längs vull, de

Smudderee lep dar'n Toll hog up'n Footbodden herum — „up'n Posten utharren," sä if to mi sulwst, „is hir nicht anbrocht; de gescheute Minsch ginnwt nah" un sprung mit enen Satz to de Döhr hinut in den „Salon." „Holt Jo munter!" rep if noch torügg.

Kapittel VII.

Klaus, in den „Salon" wer't hellsch lebbig. De Paschaseers weren meistens an Deck ober in jehre Kojen un dat enzige minschliche Wesen, dat if dar vahfund, wer de Flunki, de de Nachtwach harr.

Grode Sorgen schinde em dat nich to maken, denn he leg dar up 'ne Bank un snoorde as'n Bessenbinner.

Erst harr if in'n Sinn, em mit'n Strohhalm unner de Näs to kitteln; as if dat junge Blod awers so fein slapen sehg, do harr if doch nich dat Hart darto. Välllicht, dacht' if, it dit sine erste Reis', väliicht drömt he un jüss van sine littje Deern; schallst em slapen laten, dat arme, geplagte Minschenveeh un lis' sleef if mi vahbi.

Ut Vaschn köm if in den Gang, de van de Kajüten nah't Twischendeck föhrt un vawunnerde mi nich slecht, dar up enen Mann to stöten, de lustig an 'ne Döhr kloppde, woröewer anschrewen stund: „Retirade."

„Na, gode Mann," frog if em, „ken söft Se denn dar?"

„Ach Gott!" sä he, „ich wollte den Doktor rufen, meine arme Frau ist so krank geworden!"

Jk däh lud uplachen; dat wer jo en snak'sche Platz,
enen Dokter to söken.

„Min gode Mann," sä ik, wet't Se vällicht nich wat
dit Word hir baben de Döhr bedüdd'?"

„Nä," meende he, awers en Mann harr em darhin
wis'd un seggt, dar wahnde de Dokter.

„Na," sä ik do, „denn will ik't Se mal wisen," un
klinkde de Döhr va em apen. Klaus, de gode Mann
kek hinin, dreihde sik um un gung vadreetlich weg.

„Die verdammten Fremdwörter" hörde ik em är-
gerlich brummen un darto harr de Mann of vullka-
men Recht. Woto brukt se ok up dütschen Schepen
all' disse fremmlandschen Wörder? Dat süht ut, as
wenn use dütsche Sprak, de doch so rik is, to arm
wer, um va so'ne Wörder, as: S a l o n, S t e w a r t,
C a b i n, R e t i r a d e u. s. f. enen Utdruck to hew-
wen. Wenn de Lüe van anner Völker, de up düt-
schen Schepen fahrt, dat nich vastaht, denn lat se
Dütsch lehren, jüss so god, as wi jehr Sprak lehren
möt, wenn wi up jehren Schepen reis't.

Bi de Luk, de in't Twischendeck föhrt, hölt ik mi
nich lang up. Ut den Ulunllulrichropen, de nah mi
herupklungen, wer ik mi vamo't, dat ok dar nebben sik
Vaschedene jehr „innersten Ergüsse" mitdeelden un
do ik darvan riklich kregen harr, so makde ik, dat ik
wegköm.

Jk gung an Deck.

O wat 'ne wunnervulle Nacht wer dat, Klaus!
De Steerns, den leewen Godd sine Ogen, funkelden
un strahlden an'n Himmel, as wenn se van luter

Demant weren; alle Sails weren upspannt; 'ne duch=
dige Bris', un use gode Schipp „H e r r m a n n" gung'r
dör, as wenn'n ganz Regiment Wallfischs dar vah=
spannt wesen wer.

Oewerlang sehg et ut, as wenn use Schipp up 'nen
hogen, hogen Barg hinup slübert worde, un denn
weller, as wenn't in 'nen deepen, deepen Avgrund
sunk, ut den't ni weller herup kamen schull. O, en
unutspreklich grobartiget Bild is et, Klaus, wenn de
See, as so'n labännig Gebarge up un dal geiht un disse
groben Watermassen sik in jehr furchtbare Schönheit
wist! So 'nen Anblick gegenöewer föhlt wi Minschen
us gewaltig littjet; stiggt use Oewermot gau en Paar
Stockwark herdal!

De witte Schum, de flog faken bit hog in de Ma=
sten hinup un wie en Stripen van puren Silwer flim=
merde und glitzerde de Spoor, de use Schipp in'n Wa=
ter torügg let!

De ole Schippersage, Klaus, vatellt us, dat dat,
wat dar in'n Water so schimmert, as wenn't Silwer
wer, of wurklich Silwer is un van Nummis heruphalt
weren kann, as van enen Matrosen, de negen un ne=
gentig Jahre un negenunnegentig Stunnen to See
fahren hett. Va jeden Annern word et to Water bi't
Anröhren, seggt de ole Sage.

Use kloken Gelehrten seggt awers anners. De
hewwt un utklamusert, dat dat ken Silwer, sunnern
nicks as Phosfor is. Man wet bald garnich mehr,
wat man noch glöwen schall! Disse Gelehrden, de
snusselt un doch All'ns ut un alle use feinen Sagen

makt se darbi to Schannen. Hewwt se't nich of so
makt mit Willem Tell? So'n Mann schall garnich
lewt hewwen, seggt nu de Gelehrden un use School=
mester hett doch seggt, dat't wahr wer!

So licht krigt se't awers doch nich herut. Wat dat
Volk enmal so fast in sin Hart slaten hett as de Ge=
schicht' van Willem Tell, dat lett et so licht nich weller
los un en gode Fründ steiht dat Volk darbi to Sid,
dat is de Dichter!

Klaus, de ganze leewe Nacht blew if an Deck un
kunn mi garnich satt sehn an dat wunnervulle Schau=
spel. Erst gegen Morgen word ik möe, leggde minen
Kopp up dat Bullwark un düsselde en bäten in, bi
wekke Gelegenheit mi of mine Mutz öewer Bord gung.

As ik upwakde, wer't all hellichden Dag. De
Sunn de schinde frünlich un golden oewer dat Water
un Jedereen freude sik, dat de erste Nacht vahbi wer.
De See gung bedüdend stiller, as an'n vahrigen Dag
un dat 'ne geruhige See de beste Medezin is va de
Seekrankheit, dat kunn man an de välen Kranken sehn,
de, wenn of noch bleek un flau, sik doch'n ganzen Barg
bäter föhlden un En nah'n Annern an Deck kömen.

Ik schulld mi sulvst wat ut, dat ik mi so lang nich
um mine Kameraden bekümmert harr un gung, um
dat Vasümte nahtohalen, gliks nah de Kajüt hindal.
Se legen noch all' Dre in jehr Kojen.

„Na Kinners," sä ik to jem, nahdemm ik mi vah=
sichtig erst öevertügt harr, dat de „Springbrunnens"
dröge weren „wo geiht't Jo?"

„O, miserabel! Schlecht! Hundeschlecht!" schallde

et ut allen dre Kehlen to gliker Tid: „Ganz unner allen Luder!"

„Na," tröste ik jem, „west man sinnig;" un minen Conjak herutkrigend sä ik: „Gaht man'n bäten an de frische Luchd un nehmt 'ne gode Dos' van disse Medizin, de schall Jo woll bald weller up de Beene bringen."

Min Conjak, Klaus, beköm jem so god, dat se mi ut Dankbarkeit mit Gewalt den Tidel „Dokter" anhangden, den ik denn ok va de ganze Reis' beholen un mit Ehren dragen heww. In korte Tid harr ik all 'ne grödere Praxis, as mannige, studeerde Dokter, wat ik nu wohl mehr miine Medizin, as mine Gelehrsamkeit to vadanken harr; den mug En de Swindsucht, Raumatismus, Kusenpin, Liwwehdage oder Seekrankheit hewwen — mine Medizin wer va alle Krankheiten de sulwige: Frische Luchd un Conjak, innerlich angewenn't, twintig Mal däglich.

De Baier un de Sakks de gungen van sulwst an Deck un minen Moses, de noch hellsch flau föhlde, den drog ik up mine Arms hienup, as wenn't min Kind wesen wer.

„So Kinners" sä ik, „nu vahalt Jo man un gung sulwst weller nah dem „Salon" hindal, wo dat mongol'sche Insterment de Paschasers jüss to't Frühstück rep. Ik wer bi disse Tid hellsch hungrig worden un Du kannst Di woll denken, Klaus, wie ik't mi smecken let. Äten, dat wer in Hüll un Füll dar un ganz utgeteknet wer' kakt, obglifs use Kok man en Oge harr."

Oewer dat Äten kann sik oewerhaupt Nummis up

den dütſchen Dampſchepen beklagen. Man kriggt ge=
nog, un wat man kriggt is god. Dat word ok allſidig
anerkennt. Enige ole Grummlers ſund natürlich
jümmer dartwiſchen, den nicks god genog makt weren
kann, awers wie de ole Dampkok, dat is de Kok, de up
de Twiſchendekks un de Mannſchapp kakt, ſä: „Wenn't
de leewe Godd nich mal allen Minſchen recht maken
kann, wie ſchall denn ſo'n arme Schippskok dat ferdig
bringen."

Kapittel VIII.

„Halloh Gerad! Wullt Du ok nah Dütſchland?"
rep 'ne bekannte Stimm mi to, as ik den Nahm'dag
an Deck up un dal ſpazeerde. Ik dreihde mi um un
ken wer't woll anners, as min leewe Fründ Lüder
Fortmann, min Nahwers=Söhn.
 Na, do wer de Freud jo grod!
 Lüder, de Twiſchendekk fahrde, harr Nahricht van
Dütſchland kregen, dat ſine olen Ollern ſo krank weſen
ſchullen. He wull all jümmer mal hinut, wer awers
nimals darto kamen, dar he, obglieks he woll god av
wer, ſin Vamögen erſt noch jümmer vagrödern wull.
Den leſſten Brew nah mußt et awers mit ſinen Ollern
doch woll ſlimm ſtahn, denn he harr ſik den ſulwigen
Dag, wo he den Brew kreg, noch to de Reiſ' entſlaten.
 Ik nöhm Lüder mit nah mine annern Kameraden
hin un ok de freuden ſik, em kennen to lehren; denn
Lüder dat wer nich ſo'n „Quakelſtert," as de ſelige

„Finanz=Zigarrenmaker" Bart Mohr, sunnern en van de sinnigen Minschen, de en Jeder gern liern mag.

In de erste Tid, Klaus, solang dat noch wat Neet is, kikt man woll faken stunnenlang up dat grode Water un man meent, man kunn sik garnich satt daran sehn. Ja, dat is woll ganz god va 'ne korte Tid; awers wenn dat Oge jümmer un jümmer datsülwige süht, ahne Avwesselung, denn word dat Enen doch an'n Enn en bäten langwilig un so bi littjen kikt man sik denn nah wat Anners um, um sik de Tid darmit to vadriwen.

Daran wer nu bi us ken Mangel. Mine dre Slap=kameraden dat weren joviale, krüzfidele Kerls, de gern en bäten Ulk makden un ok 'nen Spaß vadrägen kun=nen. So seten wi enen Morgens ok mal vagnögt tohop un vatellden us wat, do worde use Upmarksam=keit up den Saks lenkt, de in sinen Kuffer herum=wöhlde un allerlei littje beschrewene Papirs darbi an't Licht brochde.

„Wat sund dat," frog ik; „Lewesbrewe?"

„Nä," sä de Saks, „dat sünd Poesien, Gedichte; de ik so twischen mine Arbeit dör makt heww." „Kiken Se mal her," sä he un gew mi 'ne ganze Grabbschvull darvan her, „sünd de nich ganz formgerecht, ganz wunnervull? Un doch hewwt disse gleinigen New=Yorker Bokhännlers de nich annehmen wullt; hewwt seggt: Disse Gedichte, de heiligsten Geföhle van mi=nen Harten, weren — denken Se sik mal — weren dat Black nicht werth, womit ik se schrewen harr! Is dat nich schännlich? Meent Se nich ok, dat disse Ge=

dichte mit to dat Beste hört, wat wi in uſe dütſche Literatur hewwt?

„Jawoll,“ jä ik, „jawoll! Ganz utgetekent ſund de Verſe, ganz richtig! Herr Jeſ', wat ſund de fein! Ja, ja! Mußt weten, Klaus, dat ik van de Poeſie ungefähr ſoväl vaſtah as'n Rebhohn van't Schoſteenfegen. Ik wull mi dat awers nich marken laten un dachde, ſchallſt man jümmer „Ja" ſeggen; darmit kummſt du an wibſten.—„Ganz wunnerbar ſund de,“ rep ik ut un les en't darvan dör. De Oewerſchrift wer „An Aurora!“ Un et ennigde ſo:

„Selbſt meines Herzens Hiebe
Erzählen von meiner Liebe
Und ſtärker als Sturmesbrauſen
Iſt meiner Liebe Sauſen!"

Baben an'n Rand ſtunnen twe Thiere malt, wekke ik erſt va Gööß anſeg, awers Duwen weſen ſchullen.

„S'wäre Noth!“ rep do de Baier ut, „wie wer't, wenn wi Veer en Gedicht in Cumpani makden? Dat veer Minſchen mehr Vaſtand hewwt, as En, ſä he, is ſäker, folgt alſo, dat wenn Veer jehr Vaſtandeskräfte tohope ſmit't, dat en Gedicht weren mutt, wat veer Mal ſo god is, as en dat en Enkelte makt hett. — Ik ſtell hirmit den Andrag, et gliks uttoföhren. Is de Andrag unnerſtüt't?"

„Unnerſtüt't, unnerſtüt't!“ Repen wi All' lachend un ſo lud, as wenn't up 'ne New Yorker plattdütſche Volksfeſt Vaſammlung weſen wer, „unnerſtüt't!"

„Woröewer wüllt wi denn en Gedicht dichten,“ frog

de Sakks? „Bahher möt wi us doch öewer den Stoff enigen un denn, wekket Versmaat un wekken Versfoot wüllt wi darto nehmen?"

„O," säk ik, „wenn't Anners nicks is; wat dat Maat to de Fööt anbelangt, so könt wi jo man Nummer 15½ nehmen; dat wer Jan Hinnerk sin Maat ok."

„Dat vastaht Se nich bäter," sä de Sakks to mi, un to de Annern: „Ik denk, wi nehmt as Stoff enen Gegenstand, de'n Jeden bekannt is, darmit use Gedicht volksdömlich word; to'm Bispel, to'm Bispel:"...

„'Ne ole Husdöhr," platzde de Baier 'rut!

„Ja, ja, dat passt," repen wi All', „de kennt'n Jeder" un nahdemm de Sakks us noch 'ne littje Predigt holen harr öewer Poetik, wie he dat Dings nömde, Klaus, worin allerlei Foottüg un 'ne ganze Reeg' latinsche Namens in vahkömmen, makden wi Veer in Gemeenschapp dit folgende Gedicht.

Muß Di dat nu so vastellen, Klaus! Wi seten Jeder up sine Kiss. De En sä de erste Reeg un wenn de ferdig wer, denn so fung de Anner an. Moses wer Schriwer. Darmit Du't bäter vasteihst, will ik't Di hir vahschriwen. Süh, so:

Klage einer Hausthüre!

Gedichtet von Gerad Ostermann, Barthel Kümmeltürk, Hannibal Gifthahn und Moses Lillenstengel. An Bord des „Herrmann." Uf'n Ocean.

Gerad: „O, O, Ich arme Hausthüre!"
Kümmeltürk: „Was muß ich Schmerzen leiden!"
Gifthahn: „Mein Geliebter ist ein Holzklotzblock"
Moses: „Und liegt wohl auf der Haiden."

Gerad: „O, O, Ich arme Hausthüre!"
Kümmeltürk: „Ich wollt', ich könnte weinen;"
Gifthahn: „Doch habe ich kein Schnupftuch nicht"
Moses: „Von Muslin oder Leinen."

Gerad: „O, O, Ich arme Hausthüre!"
Kümmeltürk: „Ich wollt' ich könnte sterben;"
Gifthahn: „Doch thun die Eisenklammern mir"
Moses: „Auch diesen Spaß verderben."

Gerad: „Ja, ja, es ist 'ne Schande groß,"
Kümmeltürk: „Daß ich hier muß so stehen bloß;"
Gifthahn: „Denn die arme Hausthür ist"
Moses: „Kein Masculinum generist."

Eigenhändig unterschrieben:
  Barthel Kümmeltürk,
        Bierbrauer,
  Hannibal Gifthahn,
        Apotheker.
  Gerad Ostermann,
        Colonial-Waaren-Händler un Dokter.
  Moses Lilienstengel,
        Produkten und Lotterielose.

Nahdemm wi us öewer de „Honorarfrage" noch erst duchdig käfelt harren — wi kunnen us nömlich öewer den Pris nich enigen, den wi darva valangen schullen — un manniget klotet un witziget Word darva un dargegen seggt worden wer, gung Kümmeltürk sin Vaslag, dat Gedicht „honorarfree" an de vascheedenen Zeitungen to schicken, mit Stimmenmehrheit dör. Gifthahn sin Amendement, dat, wenn doch de en oder anner Zeitung Geld darva inschicken schull, dit Geld to Unnerstüttung van arme Poeten vawennt weren schull, worde ebenfalls mit'n groben Juchhei annahmen. Ebenso min Andrag, dat jede Oewersettung vahbeholen weren schull un dat sik Numms unnerstahn schall, ahne use Erlaubniss datsulbige in Musik to setten.

Darup vadagde sik de Dichterfirma, um an de frische Luchd to gahn.

En anner Mal steken wi use wisen Köppe tohop und repen enen filosofischen, geografischen, fisischen un moralischen Weltvabäterungs-Vareen in't Lewen. Hannibal Gifthahn, de Safks, wer Präsendent; Moses Lilienstengel, Finanz-Minister; Kümmeltürk, de Baier, Minister va dat Fisische un Moral'sche un ik Minister va de Religion, Afferboo un dat Filosofische.

Van use Statuten will ik Di hir to Prov enige mitdeelen:

§ 1. De Tweck van dissen Vareen schall wesen, de Welt to vabätern.

§ 2. Wi Veer bildet de Regeerung van de ganze Welt.

§ 3. Us hett Numms wat to seggen.

§ 4. Alle Religionen wer't avschafft und 'ne ganze nee makt, de van den Papst un dat Kardinal-Collegium tohop stoppelt word.

§ 5. Jedoch schall de nee Religion so wesen, dat en Jeder darmit tofreden is.

§ 6. Ken an de nee Religion nich glöwt, word dodschaten.

§ 7. Darmit de Minschen sik lichter vastaht, schall man ene Sprak up de Eer herrschen un dat schall de **plattdütsche** wesen.

§ 8. Ken nah tein Jahren van nu an ken Plattdütsch snacken kann, word uphungen.

§ 9. De Stüern van alle Weltdeele möt an Us, resp. Moses Lilienstengel avlewert weren un wert denn nah usen Godbünken weller an de vascheedenen Länder vadeelt.

§ 10. Krig giww't nich mehr.

§ 11. De Präsendent un wi Ministers bewwt freen Totritt to de Stüerkass' un fönt all'tids va usen däglichen Gebruk littje Summen darut nehmen, ahne lang Rekuung daröewer avto= leggen.

§ 12. De Zeitungen dröwt nicks mehr öewer Politik schriwen.

§ 13. De Prügelstraf schall swungbaft weller inföhrt weren.

§ 14. Alle „Meiers" un „Müllers" schüllt nummereert weren.

§ 15. Alle olen Jumfern schüllt sik bit to'n gewissen Datum vaheirathen oder jehr ganz Lewlang Tamburmajors-Uniformen drägen.

Un so allerlei dumm't Tüg noch mehr. Use Sta= tuten worden van de annern Paschajeers un de Mann= schapp enstimmig annahmen un darmit se Jeder sik avschriwen kunn, an den groden Mast nagelt.

Bald harr ik to vatellen vagäten, dat ik of mit de Flunkis weller god Fründ makde. Jk heww et nich bereut un Jeden, de 'ne Reis' mit'n Damper makt, gew ik den goden Rabh, datsulbige to dohn, denn, wat man of dargegen seggen un dohn mag — man kann doch nicht ahne jem to un se fönt Enen up hundertlei Wis' de Reis' vabittern un vasöten.

Et hett mi faken Spass makt, jehren Gespräken to= tohören. De Hauptgrund, dat se so drinkgeldsuchtig sund, liggt woll darin, dat se man wenig Lohn krigt un wenn se an Land sünd, sogern den „groden Herrn" spelt. Se holt sik va den Adel unner de Schippmann= schapp un meenst Du, so'n Flunki däh an Land mit Matrosen un Füerlüe vakehren? Fallt em so gar=

nich in. „Noble Paſſionen" de koſtet nu awers bekanntlich ok noblet Geld un darum kränkelt de Meiſten ſo ſtark an diſſe „noble" Krankheit, de Drinkgeldſucht. Sik Medizin darva to vaſchaffen, dat vaſtaht ſe ganz unbannig. Avgeſehn darvan, ſund et ganz nette, lichtlewige Minſchen un ik heww mi mannigen Ogenblick vagnögt mit jem unnerholen.

Wat mi ok väl Belehrung un Unnerhollung gew, wer dat Schipp, ſine Booart un ſine Bemannung.

'Muſt weten, Klaus, ik heww väl, wat Herr Gifthahn „inquiſitoriſches Talent" nömde, in mi; dat is, ik mag mi gern öewer All'ns befragen un dat heww ik ok redlich dahn.

Väle makt woll ſo'ne Reiſ', ahne ſik väl um ſowat to bekümmern; awers ik vaſeker Di, Klaus, dat et woll de Meuh werth is, ſik ſo'n Schipp mal genau antokiken. Wenn man diſſe gewaltigen, kunſtriken Maſchinen ſüht, de in ſo'nen Schipp ſund; wenn man betrachtet, wie All'ns ſo genau tohopeſögt is un in enanner arbeitet, denn mutt man ſik wurklich vawunnern, dat wi littjen Minſchen dat All' ſo to Wege bringen könt. Wenn dat ſo fudder geiht, denn föhrt ſe na'hn duſend Jahren vällicht up Dampmaſchinen ſogar to'n Himmel hinin un denn kann de leewe HerrGodd man toſehn, dat ſe em nich unner krigt.

Man hört un ſüht doch väl, wenn man ſik ſo mit Lüe van vaſcheedenen Stännen unnerholt. Lehren kann man van'n Jeden un wenn't man 'n Beſſenbinner is.

Klaus, use Reis' de gung god van Statten. Stormig Währ kregen wi de ganze Fahrt nich weller un vagnögt un gode Dinge gung us en Dag nah den annern hin.

Kapittel IX.

An den twolften Dag nah use Avreise van New York, köm us to'n ersten Mal Land weller in Sicht. Et wer Jngelland oder wie Herr Gifthahn et nömde: „Albion." Lang upholen dähen wi us dar nich; man jüss solang, um de Post avtolewern un en bäten frischen Proviant an Bord to nehmen; denn gung't weller sudder, nah de Heimath to. Wi harren un man noch'n Paar Hunnert Milen to maken un wi kunnen de Stunn all bereknen, wo wi in Bremerhaben ankamen mussden.

De lessten beiden Dage van de Reis' de gungen us gau vahbi. Moses, Kümmeltürk un ik, wi stunnen de meiste Tid an Deck, um nah Land uttokiken un Gifthahn de makde in alle Jl' noch'n Gedicht öewer „die See".

„Na, dar hört awers Allns up," rep de Sakks mi de annern Morgen to, as ik, van dat lange Utkiken möe, mi up enige Stunnen hinleggt harr; „dat Schipp liggt all vah Anker und Se legt noch geruhig dar un slapt! Stah'n Se man gau up, wi sünd dar!" „Wat?" sä ik, „Wi sünd dar?" Wie'n Ungewitter tog ik mi wat an un, hulter di pulter, sprung ik, so gau ik man kunn, nah baben.

Ja, wahraftig, Klaus, wi weren dar! Dar legt

vah mi min Dütschland! Min leewet, leewet Va=
derland! Min Heimathland!...... Seggen kunn ik
vah freudige Upregung ken Word, Klaus, awers
in minen Harten dankde ik stillswigends den leewen
Godd desto inniger, dat he mi glücklich heröewer brocht,
dat he mi dat Glück gunnt harr, min olet Heimaths=
land noch mal weller to sehn.

Ja, dar leg et nu weller vah mine Ogen un Allns,
wat ik in den ersten Ogenblick dar sehg, köm mi so
bekannt, so unvaännert vah, dat ik unwillköhrlich bi
mi sulwst dachd': „Bist jowoll garnich weg wesen van
Tütschland, bist jowoll in'n Drom wesen." De Wind=
möhl, de ik dar sehg — dat wer ganz de sulwige Wind=
möhl, de ik vah fofteihn Jahr dar betrachtet harr; de
Äbä, de dar so stiv den Dik langs ging, as wenn
he Präsendent van'n Volksfest=Vereen wer, — de harr
akrat so lange Beene, as de, den ik vah fofteihn Jah=
ren dar sehn harr; — de Buern, de dar jüss mit'n
vull't Föhr Hau van'n Hamm föhrden — hal mi Jan
Klumpsakk! — de, dat erinnerde ik mi to genau, weren
den Ogenblick, wo ik avfahrde, jüss mit't Upflehen fer=
dig wesen un ik argerde mi domals noch so, dat se den
Biddelbom so schew bunnen harren... En Griff
awers man an minen Geldbüdel, Klaus, wo de fof=
teihn Dusend in weren — makde den ganzen feinen
Drom en Enne — öwertüügde mi bald, dat ik doch jo=
woll weg wesen wer, — de, dat erinnerde ik mi to ge=
nau — weren domals nich in mine Taschk wesen.

„Is dat Bremerhaben?" rep ik vawunnert ut, as ik
up de vah mi liggende grode Stadt kek. „Nä," sä de

Safks spott'sch), „dat is de grode Seestadt Leipzig, be=
röhmt dör de grode Hungersnoth. Seh't Se nich den
König van Sakksen dar an't Oewer stahn?" sä he la=
chend un darbi up'nen ganz unschulligen Stüer=Kun=
terlör wisend, den dat vällicht ganz Recht wesen wer.

Töw, de slechte Witz schall Di dre Buddel Punsch
Extract kosten, sä ik; kreg minen leewen Safks bi'n
Kragen un tog em nah de Kajüt hindal, wo ik em nich
ehder los let, bit he „berappt" harr.

Kümmeltürken, de valägen ingestund, dat he all
mehrmals Punsch anstütt Beer broc't harr, oewerleten
wi't, de Bowle torecht to maken un nahdemm dat ge=
schehn, settden wi us to'n lessten Mal dar gemötlich
hin un up allgemeene Upforderung let Herr Hannibal
Gifthahn disse littje Avscheedsred' van Stapel:

> Meine Damen un Herren! (Damen weren gar
> kene dar.)

Betrübt und doch freudigen Herzens eilen wir jetzt
mit Riesenschritten dem verhängnißvollen Augenblick
zu, der uns trennen will. Meine Herren! Wenn
des Schicksals Tücke die heiligen Bande der Freund=
schaft, die sich wie Rosenketten um die Menschenseelen
winden, frevelnd entzwei schneidet — dann, meine
Herren, durchtobt nicht allein ein Sturm durchboh=
render, unendlicher Gefühle unsere schwachen Men=
schenherzen!.... Unsere Menschenherzen! Nein, auch
die Natur, die ewig junge, wird davon alterirt! Dann
meine Herren und Damen, erzittert in furchtbarem
Weh ob des Leids ihrer Kinder nicht nur der Erde

zartfühlender Busen, daß's kracht!.... Nein, meine Herren, auch die wogende, rollende, ewig grollende, schäumende See erbebt bis zu ihren tiefsten Untiefen! Da, meine Herren, spritzt brausend und zischend die wildgewordene freie Tochter der Natur bebend ihre haushohen Thränen hinauf zum blauen Horizont, zum Thron der Unsterblichen und tobend peitschen die schaumgekrönten Häupter der Wellen die Gestade der Länder, daß's man so schwappt!.... Darum sagt auch der Dichter: „Gebt uns Gedankenfreiheit! Gedankenfreiheit!" Ja, meine Herren und Damen, es ist nun nicht so wie es ist. Es ist anders! Wer will's bezweifeln? Bezweifeln, frag ich? Un wenn auch alle Flüssigkeiten der Welt und alle Eisberge zusammenkämen (Moses fung an to wenen), so würden die doch nicht das tiefe Leid kühlen, das in diesem Augenblicke unsere Herzen durchwühlt.

Ja, meine Herren, der Freundschaft zarte Rosenketten, die sich in Sturmesnoth und Krankheit (da grey Kümmeltürk an sinen Buk) um uns schlangen, die lassen Sie uns treulich bewahren bis zu unserer Todesstunde, denn der Dichter sagt und wenn der's nicht gesagt hätte, so hätte ich es heute sowieso gesagt:

 Vor dem Sklaven, wenn er die Kette bricht,
 Vor dem freien Manne erzitt're nicht!

Mit 'ne deepe Vabögung steeg Herr Hannibal Gifthahn van sinen Stohl herdal un kek stolz in de Vasammlung herum, um den Indruck van sine Red' wahrtonehmen.

Dar kunn he sik wahraftig woll mit tofreden gewen, denn Kümmeltürk wer ahnmächtig worden, mi stunnen de Haar to Barge, Moses weende un twe Flunkis, de harren de Kränk kregen.

Manniget Glas drunken wi noch gau tohop, ehr wi upstunnen un dat droff ik nich vagäten, dat wi noch dre kräftige Hurrahs usen Schipp un usen stattlichen, minschenfründlichen Kaptain Reichmann brochden, den en Jeder leewgewinnt, de mit em to dohn kriggt.

Gliks darup mussden wi All' nah baben. Wi mussden use grode Schipp, dar et de Ebbe wegen nich anleggen kunn, valaten un up en littjet stigen. Alle weren in freudige Upregung. De Paschaseers togen jehr bestet Tüg an, de Matrosen togen de Kuffers an Deck un et worde dar en Gewöhl weller, ungefähr so, as wie bi de Avreis'.

Mit luden Hurrah und välen Glückwunschen van de Flunkis (ik harr jem mehr Drinkgeld gewen, as se sik woll sulvst dacht harren) valeten wi den „Herrmann" un enige Minuten later, do harren wi dütschet Land unner use Fööt.

Klaus, hir mussde ik mi van mine Kameraden, mit Utnahme van Lüder, trennen, wil de Annern mit de Isenbahn nah Bremen hinup gungen un Lüder un ik, wie Du woll weest, duhn bi Bremerhaben to Hus sünd. Et däh us wurklich Allen leed, dat wi vananner musden. Mannigen Spass harren wi tohope hadd un us gegensidig recht leew gewunnen. Wi gewen us dat Vasprefen, wenn mögelk us mal weller to be=

söken, noch en Handdruck un se gungen nah de Isen=
bahn, Lüder un ik nah de Stadt to.
Klaus, Bremerhaben dat harr sik mächtig vaännert
in de Tid. Herrjes', Herrjes'! Ik kunn mi garnich
mehr torecht finnen darin! Wo fröher noch brune
Kohl un Petersillje wuss, dar weren un ganze Stra=
ten mit nee Hüs' un Koopmannsladens weren dar
nu, jüss so fein, as wie in New=York. Un de Haben
erst? — Ik segg Di, Klaus, de feinsten un grööſten
Schepe ut allen Herren Länners legen dar nu dicht
an dicht, wo fröher höchſtens de tappre Jan van Moor
sin Torfschipp antobinnen pleggde; et harr sik ganz
unbannig vaännert.
Lüder un ik, wir lepen, hir un dar mal inkehrend,
erst 'ne ganze Tid stratup un stratdal un bekeken us de
Stadt van allen Siden. De Tofall wull't, dat wi
ok an dat Hus vahbi kömen, wo wi fröher to vakeh=
ren pleggden, wenn wi Eier un Bodder nah'n Markt
brochden. „Kumm," sä ik to Lüder, „dar lat us mal
hiningahn un mal tosehn, ob de ole N. N., de Weerth,
us woll noch kennt."

Ja, Fläuten=Pipen! Dar harr sik ok All'ns in
vaännert. Fröher wer dat noch so'ne recht ole gemöt=
liche Weerthschapp, wie man se up Stunns man noch
up den Dörpen vahfinnt, ene Weerthschapp, wo man
sik gliks to Hus föhlde, mit'n groben Kachelaben un
handfaste Stöhl darin; wo de dicke Weerth oder
Weerthsfro de ganze Umgegend kennde un vatrolich
nach Din Veeh und Dine Familje fragde. Nu wer
dat All'ns anners; en nee Werth stund dar un de

Disch' un de Stöhl un All'ns wat darin wer, wer so fin, dat man sik kum hintosetten wagde.

Fröher, Klaus, do kunn man sik in alle Ornung erst so'ne littje halwe Stunn utrauhn, ehr de dicke Weerth enen frog, ob man wat drinken wull un wenn man nicks nöhm, wer't of recht — nu awers weren wi kum to de Döhr hinin, do kömen of all so'n halw Duz Kellners anhüppt, de so mager weren, dat if se erst va Windhunne ansehg, de uprecht gungen und frogen mit'n Kratzfoot wat „use Befehle" weren?

„Bringt us twe Sluck;" sä ik missmödig.

„Welche Sorte belieben die Herrschaften," meende de ene Kellnär; „wünschen Sie Daubitz, Angostura, Schweizer Alpen, Schweizer Alpen=Kräuter, Schweizer Alpen=Kräuter=Magen=Bitter, Bonekamp oder Curacao?"

„Hä wat," sä ik, „bringt us man twe ole Klare, Stuck to'n Groten" und kek vadreetlich ut't Finster. Mi gefeel dat dar nich recht.

„Man schull doch garnich glöwen, wat god Tüg un Geld up disse Welt nich All' vamögt," meende Lüder; „fröher as ik nach Swöpenjung un Du Littjeknecht werst, do lep kene Katt va us un nu lopt disse Kellnärs, as wenn wi Eddellüe weren."

De nee Werth, en fine Herr, schinde en van de neeschgirige Art to wesen, denn he let mit sine Fragen öewer use Wohin un Woher nich ehder nah, bit he't denn toleß of glücklich 'rutkregen harr, dat wi van Amerika kamen wer'n un nah N. N. wullen.

„Nun meine Herren," meende de Weerth do, „denn

werden Sie doch gewiß wohl einen Kutschwagen neh=
men wollen, um zu Hause zu fahren? Das thun die
meisten Amerikaner, die hier ankommen. Denken Sie
sich aber auch 'mal, welch ein Aufsehen das erregen
wird, wenn Sie in feiner Carosse, wie ein reicher
Mann wieder in ihr kleines Dorf zurückkehren. Ich
stelle Ihnen die Meinige zur Verfügung. Darf ich
anspannen lassen?"

„Nä," sä ik, „dat wüllt wi leewer nich dohn! „De
Middel darto," sä ik, „de heww ik woll" un wijde em
darbi min Geldbok mit de softein Dusend Dahlers
darin, „awers den Grobartigen to spelen," sä ik, „wie
dat leider Godd's so Väle doht, de hir heröewer kamt,
darto bün ik hir nich herkamen! As ik hingung nah
Amerika," sä ik un slog darbi mit de knullte Fuust
up'n Disch, „do hett mi of Nümms mit'n Kutschwa=
gen to'n Dorp hinutföhrt! To Foot, mit minen
Bundel unnern Arm, bün ik in de wide Welt hininwan=
nert un to Foot will ik nu ok weller nah min Hei=
matsdorp torügg gahn! Adjüs ok," sä ik, let den va=
blufften Weerth dar stahn un gung mit Lüder de Strat
hindal.

Klaus, soganz Unrecht harr de Weerth nich. Väle,
de van Amerika nah Dütschland gaht, stellt sik an,
wenn se mal weller in jehr littjet Dorp kamt, as
wenn in Amerika de Kutschwagens up de Böm wassen
dähen. Et is ganz natürlich un ok in Ordnung, dat,
wenn man de ole Heimath mal weller besocht, man
sik van sine beste Sid wis't; awers man mutt dat
man nich öewerdriwen un Väle öewerdriwt et, Klaus!

Väle doht dat up'n so'ne upfällige un unpassende Wise, dat man gliks sehn kann, jem is't man un'n't „Dickdohn" to dohn un dat, Klaus, lett gar nich fein un giwwt de Lüe enen slechten Begriff van Enen.

So, hewwn ik dar enen „Amerikaner" wie he sik to nömen beleewde, kennen lehrt, de sin in enen Gasthus lewde, in Kutschen föhrde un Havanas smökde as'n groben Herr, wills sine ole Mutter in 'ne gebräklike ole Hutt wahnde un va anner Lüe waschen und schruppen mussde.

„Süh, sowat, dat hört'r nich her!"

Oewerhaupt, Klaus, hewwn ik funnen, dat de Lüe in Dütschland de „Amerikaners" en bäten hellsch „up'n Kiker" kregen hewwt. Dat kummt enen Deels van de leidige Angewahnheit, de Väle an sik hewwt, All'ns in Dütschland slecht to finnen un to bemäkeln un denn ok van dat furchtbare „Dickdohn" und Prahlen her, dat Väle nich laten könt, wenn se ok Nicks hewwt.

Süh, de Lüe dar, sund gar to faken anföhrt worden. To faken hett et sik all naher 'rutstellt, dat disse "would be Gentlemen" un Milljonärs arme Düwel weren, de sik sogar mannig't Mal, wenn se jehr Paar Dahlers vajubelt harren, dat Geld to de Torüggreis' noch lenen mussden van jehr Ollern oder Vawandten un darum kann man't de Lüe ok nich vadenken, wenn se 'n bäten mißtro'sch sund.

Natürlich, Klaus, sünd dit Utnahmen; awers et mag nu wesen, as et will, — disse Art "Gentlemen" hewwt den amerikanschken Namen so in Mißkredit

brocht, dat binah'n Jeder, de hinutkummt, as'n „Hum=
bugger" ansehn word un de Goden möt mit de Slech=
ten darunner li'en.

Kapittel X.

As wi van den Weerth weggungen, sä ik to Lüder:
„Kumm min Jung, un lat us man lik nah Hus togahn,
wenn wi gau togaht, dennso kön't wi to Abend noch
bi use Lüe wesen."
Lüder wer ganz darmit inwastahn un so gungen wi
öewer de nee Brugg nah de Geestendorper Schossee to.
Wi harren ornlich Last darhintosinnen, denn Bre=
merhaben, Geestnmm un Geestendorp, de sund nu so
tohope boo't, dat et utsüht, as wenn't ene grote Stadt
wer un va den Fremmen is et swirig dar dör to sinnen.
Ik juchde lud up, as wi ennlich up de Schossee weren
un wi de lessten Hüs' van Geestendorp achter us harren.
„Hurrah," rep ick, „nu sünd wi all right" un ik let vah
Freud minen Stock up Lüder sinen Puktel 'rumdanzen.
O, Klaus, dat wer'n vagnögten Gang! Links un
rechts van us legen de riken, grönen Hammen, un use
Ogen, de solange nicks as Water un Water sehn har=
ren, dähen sik ornlich plägen an dat saftige Grön. Wi
lachden, un juchden un sprungen öewer de Grabens, as
wenn wi weller Kinner weren un mannige ole Erinne=
rung van fröher köm us darbi weller in'n Sinn.
Wekke plattdütsche Jung hett woll nich all mal in'n
Graben oder Watertucht seten? De Kunterlörs, de
us in de Möt kömen, mussden jowoll denken, wi we=

ren halw varuckt, denn wenn se us frogen, ob wi ot wat „Versteuerbares" bi us harren, dennso lachden wi jem lik in't Gesicht un säen to jem up Ingelsch dat gröbste dumme Tüg. Leeder sungen wi, dat et man so brummde un ch'r wi't us vasehgen, weren wi an Wulsdorp vahbi. Dat wi use Kehlen nich to dull indrögen leten, kannst Du Di woll denken. In jedet Weerthshus worde inkehrt un dat Beste, wat to krigen wer, mußde up'n Disch.

Bäten achter Wulsdorp köm us 'ne littje Deern in de Möt, de nah'n Melken wull. Klaus, ehre mit Messing beslagene Ammers, de se an'n Juck drog, de blitzden so hell in de Sunn un mit ehre Ogen kek dat littje Luder us so vadüwelt drullig an, dat so wahr Din Nam Klaus is, if et nich nahlaten kunn se to brüern un to Lüder sä: „Kumm, de wüllt wi mal to'n Narren hewwen." "My little Girl," sä ik up ingelsch to ehr, „bist Du all vaheirathet?" Wi dachden un, dat se woll vaschamt vahbi gahn wer. Ja, Fläuten-Pipen — wat meenst Du woll? Se fung lud an to lachen un antworde in reinsten Ingelsch: „Noch nich, wenn Se mi hewwen wüllt, denn fönt Se mi noch krigen."

Do wer de Reeg an us, vablufft dartostahn un dat dähen wi ok ehrlich.

Naher stellde sik denn rut, dat se of all in Amerika wesen wer, nu awers in Dütschland to bliwen dachde, dar ehre Ollern de Arbeid allene nich vasehn kunnen; se harren so'ne littje Buerstäe.

„Dat wer so'n Stück Fleesch va Di," sä ik to Lüder,

de sik noch mehrmals nah ehr umdreeihde, as wi all sudder gahn weren.

Den ersten „Jan van Moor" kregen wi to sehn, dar wo de littje Fluss, de Lun, sik an de Shossee langs slängelt. He sailde vagnögt mit sinen Torf nah'n Haben to un wer jüss darbi sin Abendbrod to äten. Klaus, as ik den olen „Jan van Moor" dar so sitten sehg, do köm mi unwillköhrlich dat ole Spottleed weller in'n Sinn, womit wi as Kinner jem to tarren un to argern pleggden; Du kennst et jo. „Halloh Jan!" rep ik erst hinöewer, darmit he us gewahr weren schull und do, Klaus, sung ik mit lude Stimm an, dat Leed to singen. Klaus, do harrst Du mal den olen Jan hören schullt! Jung, wat worde de vagrellt! Ik glöw, wenn wi nich to Twet wesen weren, denn wer he wahrschinlich achter mi kamen. He schimpde us van „Scheerenslipers", „Stutenfreters", „Hannwarksbussen" un Godd wet wat nich All un makde us Gesichters to, de ken Minsch mißvastahn kunn.

O, wat hewwt wi lacht!

Nahgrads weren wi nu all sowid kamen, dat Lüder sä: He kunn use Dorp all liggen sehn. „Lüder, min Jung," sä ik do, „enen Gefallen doh mi noch, ehr wi hinkamt; nimm mi bi de Hand un treck mi. „Du," sä ik, „hest et nu all van Widen sehn, ik mug use Dorp awers nich gern ehder sehn, bit wi duhn darvah sund. Wullt du?"

„Gern," sä Lüder, „gern" un he nöhm mi bi de Hand, wie ik't em seggt harr. Ik kek jümmer wiss vah mi dal.

So gungen wi ungefähr noch 'ne vittel Stunn,
Hand in Hand, do, Klaus, druckde Lüder mi de Hand
und sä, sine Stimm bewde darbi: „Gerad, nu sund
wi dar!"
Klaus! Do kunn of if mi nich länger mehr holen,
it ket up un.... vah mine Ogen, dar leg — min
littjet Heimathsdorp....! O, min Fründ, wat ik
in den unvagätlichen Ogenblick föhlde — dat kann ik
Di nich wellerseggen, Di nich beschriwen, dat mutt man
sulwst föhlt hewwen. Ahne en Word to spreken sunken
Lüder un ik up use Knee dal, un ik scham mi nich to
seggen, dat to'n ersten Mal weller sit lange, lange
Tid, mine Hanne sik tohopefögden, un mine Ogen
fuchtig worden.

Ja, min Fründ, wenn man nah langen, langen
Jahren de ole Heimath mal weller besocht un de
Stäe, wo wi as Kinner spelt, de Stäe, wo use Ollern
lewt oder begrawen sund, us denn so up ennmal weller
vah Ogen liggt — dat is en Ogenblick, min Fründ,
in'n Minschenlewen, de unbeschriwlich, de himmlisch is.
Dat is en Ogenblick, min Fründ, de of dat Hart van
den Slimmsten röhren mutt! Dat is en heilige Ogen=
blick!

Un dar leg et nu vah mi, min littjet, stillet Dorp!
O, so still, so trolich, so leew, as wie if't vah sosteihn
Jahren valaten harr.... upsuchen harr it mugt un
singen vah luter Freud un doch musside if weenen —
weenen vah luter Seligkeit....!

All'ns schinde noch unvaännert! Wohin min Oge
ket, köm jede Gegenstand mi bekannt vah. De hogen

Böm, wo wi as Kinner hinup to klattern pleggden, de ole Borgstäe bi't Water, wo wi dat Swimmen lehrden, dat gröne, schattige Holt, wo wi Kinner so heemlich use ersten Zigarren smökden (siv va'n Groten) All'ns wer noch dar, All'ns leg dar vah mine Ogen weller, as wenn de sostteihn Jahre sostteihn Dage wesen weren.

De witte Karkenthorn de blinkde so frünlich heröewer, jüss as wenn he mi towinken wull: Kumm, kumm, un dar — twischen de Böm—dör.... O, min Godd! Min Godd! dar stund jo ok noch dat littje strohbedeckte Hus, woran ik so faken, faken dacht! Dat littje Hus, Klaus, wat mi leewer wer, as alle Palläste van de Welt. Dat Hus, worin ik geboren! Min Hus! Min Hus! Min leewet, leewet olet Ollernhus!

O, Klaus, du kannst Di gar nich glöwen, wie mi dat ergrep, as ik min olet Ollernhus dar weller sehg! Dat leewe littje Hus, woran jede Steen un jede Strohhalm so to seggen mi bekannt vahköm un mi an de seligen Dage van mine Jugendtid erinnerde! Un woll kunn ik mi do den riken Mann vaklaren, de in Californjen wahnde un en grodet Shipp nah sine Heimath schickde, um sin olet Ollernhus, wie et stund, to sik heröewer to halen.

Van den Platz ut, wo wi stunnen, kunnen wi All'ns sehn, wat dar in'n Dorp vahgung. Goldig wer eben de Sunn unnergahn un truppwis' un enkelt kömen de Lüe van de Arbeid un gingen nah dat Dorp to. Littje Jungs brochden de Pär nah'n Hamm un de slanken Deerns, de van Melken kömen, de lachden un sungen

so hell, Klaus, dat et enen ornlich god däh, totohören.
De Olen seten all vah de Döhren un smökden sehr
langen Pipen; de Äbäs up de Hüs' säen lud klappernd
sehr Abendgebet un den littjen, dicken Postmeister, den
sehgen wi, noch akrat as vah softteihn Jahren, mit sine
lange Pip nah't Gasthus togahn, um dar mit den
Schoolmester un Förster sinen „Solo" oder "Whist"
to spelen.

So bi littjen worde et ganz schummrig. In enige
Hüs' harren se all de Krüsels ansticht un de Maand,
Klaus, de kek dör de Wolken us so neeschgirig an, as
wenn he seggen wull: Wat wüllt Ji denn enlich dar?

„Kumm, Gerad, sä Lüder toless, „lat us up de anner
Sid van de Brugg gahn, nah dat littje Weerthshus
un dar töwen, bit et ganz düster is". Mi wer't Recht
un so gungen wi in dat Hus hinin un seten us'n Glas
Beer gewen.

De Weerthlüe, de kennden us nich. De fröher dar
wahnt harren, de weren dod un disse weren erst van'n
anner Dorp darhinkamen.

Vahsichtshalwer settden wi us in de düsterste Eck
hin, darmit, wenn so en Bekannte rinkamen schull, he
us nich sehn kunn un so seten wi dar woll noch'ne littje
halwe Stunn, do makden wi us up'n Weg.

Weest woll, Klaus, wi wullen nich, dat use Lüe dat
vahher gewahr weren schullen, dat wi kömen. Dat va=
darwt den besten Spass un in so'nen littjen Dorp,
wenn dar mal bekannt word, dat En van Amerika ka=
men is, denn is't jüss, as wenn 'ne Telegrafenlinje
van Hus to Hus gung; so gau snackt sik dat herum.

Klaus, it bewde an ganzen Liw va freudige Upregung. Wi mussden an väle Lüe vahbi, de up de Strat stunnen un tohope snackden; dar wi awers gau togungen un de Mutz deep in't Gesicht tagen harren, so dähen se us nich kennen un so kömen wi ahne Upholen bi min Olleruhus an.

Lüder, de wull nich glifs mit 'rinkamen. He meende: He wull us in den ersten Ogenblick nich stören, he wull buten töwen; „naher", sä he, schull ik em rinropen un denn wullen wi tohop nah sine Lüe hingahn.

Klaus, lik hiningahn däh ik nu nich. Ik wull erst mal tokiken wat mine Lüe makden un lif', as so'n Spitzbuw, slek ik mi dör den Gang, de twischen use un Nachwers Hus is, in den Garen, van wo ut man dör't Finster kiken kunn.

Achter'n dicken Plummenbom stellde ik mi up, un vahsichtig (ik vastund dat noch van fröher her, wo wi de Deerns so to beluern pleggden) mi vahbögend kek ik dör de Ruten. Erst blende dat Licht van den Thrankrüsel mi, as ik awers en Bäten dar stahn harr, kunn ik All'ns düdlich wahrnehmen, wat insids vahgung.

Mine Lüe seten jüss bi't Abendäten. Se harren brane Klütjen un Katuffeln up'n Disch un Koffee darto. Baben an set min Broder Jan Friderk un rechts un links van em mine Swägerin, mine Susters un minen Broder sine Kinner.

Wo wer mine Mutter nu awers?! An'n Disch set se nich.... se wer doch um Godds Willen woll nich.... Nä Goddlow! Goddlow! Dar achter'n Aben in den Sorgenstohl, den ik sulwst van Amerika heröewerschickt harr, dar fet noch Ween. Ja! Ja! Dar wer fe! In mine Freud, Klaus, harr if bald lud upjucht un fo mi fulwft varaern.

Nu höld if't awers nich länger mehr ut. Gau lep if nah de Littjedöhr hin, klinkde fe apen un tred up de Dehl. De Offen in de Meenung jowoll, dat if Jan Friderk wer, fungen an to brummen un meenden: fe kunnen woll'n bäten Hau vadrägen un de Farkens de repen mi ganz eernfthaftig in jehr Swinjprak to: et wer hoge Tid, dat fe wat to freten kregen. Littjet bäten möt ji woll noch töwen, fä if to de Farkens un gung lik up de Donzendöhr to. Up de Dehl wer't ftiffendüfter awers doch däh if narmens anftöten.

Mi köm All'ns fo genau weller in'n Sinn, dat if binah glöw, if harr jede Meffforf un jede Hark noch weller finnen kunnt, wenn't darup ankamen wer.

Bi de Donzendöhr, dar blew if'n littjen Ogenblick erft beftahn un bedachde mi, wat if feggen fchull, wenn if rinköm. Denn klopde if an. „Herin" rep min Bro= der; if makde de Döhr apen, Klaus, un ftund vah mine Lüe!

„Wahnt hir vällicht Herr Willem Meier", frog if mi= nen Broder, de van Difch upftund un up mi toköm?

„Nä," fä min Broder, „hir wahnt Jan Friderk Oftermann un dat bin if".

De Annern weren All' ganz ftill un fäen nicks. Kennen, dat fehg if woll, däh mi Nummns nich mehr. Naher vatellden fe mi, dat min grobe Bart dar Schuld an wefen wer.

As if nu vah innere Bewegung ken Word mehr her=

utbringen kann, meende min Broder: if harr mi woll vabistert un mine Suster de frog mi: ob if vällicht nah dat Gasthus hinwull?

Kennde denn Numms, Numms mi weller?! Ja, Klaus, Ene kennde mi noch! Ene, de, as se mine Stimm hörde, sogau ehre olen Fööt se man drägen wullen van de Aben=Etk herhumpelt köm — de kennde mi weller! De frog nich ob if mi vabistert harr, oder ob if nah dat Gasthus hinwull, Klaus! De, Klaus, — kek mi man ene Sekunn lang in de Ogen, do wussde se ken if wer.— „Gerad! Min Söhn! Min Kind! Min Gerad! bist Du't... rep se ut?!—Lud weenend fel se mi um'n Hals un sluchzend leggde se ehren leewen, grisen Kopp an mine Bost.... Bruk if Di noch to seggen, ken dat wer? Dat dat mine leewe, ole Mutter wer?

Lang, lang hölden wi Beide us innig umslungen ahne en Word to spreken, un ahne, dat en van de Annern us stört harr. Denn nöhm if mine vah Freud un Röhrung bewende ole Mutter up mine starken Arms un drog se sachte weller nah ehren Sorgenstohl torügg, kneede vah ehr dal, leggde minen Kopp up ehren Schoot, wie if dat as Kind to dohn pleggde un weende.... un se, se küssde mi woll hunnertmal un strakde mi dat Haar un eiede mi un rep enmal öewer't anner ut: „Min Jung! Min Gerad! Bist weller kamen nah dine ole Mutter! Bist Du't of wurklich! Min söte Jung! Min Kind....!"

Bit darhin harren de Annern us alleen laten; un kreg mi awers Jan Friderk to faten un danzde vah Freud mit mi in de Donz herum. Mine Swägerin um mine Susters de felen öewer mi her, as wenn se mi tweiriten wullen un dat Küssen un Handschüddeln wull Di gar ken Enn nehmen.

Nahwer Lansman, de den Spiktakel hört harr, köm ok mit sine Olsche heröewer. Flips, de Snider, un Klaps, de Schoster, de öewer de Strat wahnden, de weren ok herin kamen un 'ne halwe Stunn later, do wußde et dat ganze Dorp, dat ik van Amerika torügg kamen wer.

Denn gung't to't Äten. „Bertha," sä min Broder to mine Suster, „stig mal gau up'n Balken hinup un krig van de beste Wust un den besten Schinken her= dal. Un Du," sä he to Fritz, sinen Ollsten, „geihst mal nah't Gasthus hin un halst'n Korw vull Win her; awers van'n Besten, hörst Du! Wo de Vahnehmen van drinkt."

Klaus, bit lat in de Nacht hinin, seten wi glücklichen Minschen dar trolich tohop un vatellden us wat.

Min Broder un de Annern, de weren all längs nah'n Bedd gahn, do seten mine Mutter un ik noch jümmer dar. Se set up ehren Sorgenstohl un ik leg up de Bank, mit minen Kopp up ehren Schoot; so wull se't heww= wen. Ik mußde ehr weller un weller vatellen wie't mi gahn harr de langen Jahre, dat wi us nich sehn harren un wat ik bedrewen in den fremmen Land; se kunn garnich genog hören. Un as mi toleß va Möig= keit de Ogen tofelen, do leggde se sachte ehre bewenden Hanne up minen Kopp un ehre welken Lippen de sproken lise do en Gebäd va mi....

De Krüsel wer utgahn, de Maand schinde fründlich dör de Ruten un sanft slummerde ik in — up miner Mutter Schoot.

„Herrjes'! Herrjes'! Nu heww ik in mine Freud gar nich mehr an Lüder dacht," rep ik den annern Morgen ut, „de mag schön vagrellt up mi wesen! Dat ik den awers of vagäten kunn!"

„Meenst Du den fremmen Mann, de gustern vah de Döhr stund, Unkel," frog de littje Fritz? „Ja," antworde ik. „O, dat kann ik Di woll seggen," sä Fritz: „De fremme Mann, de frog mi gustern Abend, ob ik Peter Footmann un sine Fro woll kennen däh. Ja, sä ik, kennt harr ik de woll, awers de weren nu man all acht Dage dod un up'n Karkhoff begraben, in de swarde Kuhl. O, do vajagde sik de fremme Mann mal! He worde so witt uttosehn, as de Kalk an de Wand un he gung gau de Strat hindal. Ik gung em noch nah un frog em: ob ik em hinwisen schull nah dat Graww — he schuddelde awers mit den Kopp un sä „nä".

„Nahlopen bün ik em nu awers doch, vatellde de littje Fritz fudder un as ik nah'n Karkhoff hinköm, do sehg ik, wie de fremme Mann lik up dat nee Graww togung, wo Peter Footmann un sine Fro in sund. Dar sunk he up de Knee dal, de fremme Mann un weende un et klingt mi nu noch in de Ohren, sä Fritz, so trorig rep he ut: „To lat, to lat!"…. Arme Lüder!

Sehnsucht nah de Heimat.

Ik mag't di gar nich seggen,
　Wie mi dat Hart so swar:
Du kannst't di gar nich glöwen
Un dennoch is et wahr.

Min littjet Hart dat puckert
In mine Bost so lud,
As wull't hinup to'n Himmel
Un kunn doch nich hinut.

Süh Fründ, mi will de Heimat
Noch gar nich ut den Sinn,
So old ik ok all worden,
So lang ik weg of bin.

Un is en Fröhjahr weller
Mal kamen up de Eer,
Denn trekket de Gedanken
Noch jümmer öewer't Meer.

Denn brickt dat ole Füer
Noch jümmer weller ut;
Denn puckert in de Bost mi
Dat Hart so wild, so lud;

Denn seh' ik weller bleuhen
De Blomen, de enst mi bleuht,
Denn seh' ik weller glauhen
De Sunn, de enst mi glauht;

Denn hör' ik weller singen
Den Vagel, de enst mi sung;
Denn hör' ik weller klingen
De Klock, de enst mi klung!

Mi is et, as wenn lise
Van öewert wide Meer
'Ne söte Stimme lockde:
Kumm her, min Kind, kumm her!

Min littjet Hart dat puffert
In mine Bost so lud,
As wull't hinup to'n Himmel
Un kunn doch nich hinut.

Inholt.

                                                                          Sit.

An meinen verehrten Freund Dr. M . . ., bei Uebersendung dieses Buches, - - - - - - 3
An mine Landslüe, - - - - - - 5
Min littjet Dorp, - - - - - - 7
De ole Schoolmester, - - - - - - 8
De plattdütsche Fahn, - - - - - - 10
De Medalljen-Hahn, - - - - - - 11
De Schabernack, - - - - - - 26
Min Fründ Karolus Meiber, - - - - 32
Weller nah Hus, - - - - - - 42
Sehnsucht nah de Heimat, - - - - - 107